中华先烈人物故事汇

毛泽建

军事科学院解放军党史军史研究中心

学习出版社

目 录

Contents

引　子

她，聪明伶俐，是毛泽东的堂妹，幼时过继给毛泽东父母做养女，因生于菊花飘香之季，人称“菊妹子”。

她，性格刚烈，虽历尽劫难但从不屈服于命运的安排，是毛泽东把她从封建婚姻的苦海中救了出来。

她，勤奋好学，在毛泽东、杨开慧的亲切关怀下，如饥似渴地学习，探求革命真理，走上革命道路。

她，机智勇敢，在毛泽东的谆谆教导下，创建工农武装，开展游击战争，成为赫赫有名的女游击队长。

她，坚贞不屈，面对凶残的敌人视死如归，慷慨就义，成为第一位为中国革命献身的毛家人。

她，就是毛泽建。

毛泽建，又名毛泽剑、毛达湘、毛日曦，乳名“菊妹子”。1905 年生于湖南省湘潭县（今湘潭市）韶山冲东茅塘，小时曾被过继给毛泽东父母做养女，毛泽东为她取名毛泽建。毛泽东父母去世后，毛泽建回到自己家里，迫于穷困被嫁到杨林萧家做童养媳。

1920 年年底，毛泽东与妻子杨开慧回到韶山冲，在得知毛泽建的情况后，将她接回家中并为之解除不合理的婚姻。毛泽建旋即随毛泽东夫妇来到长沙，先后入建本、崇实女子职业学校学习，走上革命道路。1921 年加入中国社会主义青年团。次年 9 月，入湖南自修大学附设补习学校学习，同时做递送书报、张贴传单的工作。1923 年加入中国共产党。同年秋，考入位于衡阳县（今衡阳市）的湖南省立第三女子师范学校，出任学校学生党支部书记和湘南学生联合会女生部部长，积极宣传反帝、反封建思想，组织开展学生爱国运动，培养进步学生加入中国共产党。其间，结识湘南学生联合会负责人之一、中共湖南省立第三师范党支部书记陈芬。1925 年，两人结为夫妻。

1926 年夏，毛泽建受党组织委派，到衡阳县北乡集镇农民讲习所工作，从事农民运动，打击土豪劣绅，实行减租减息。8 月，担任中共衡阳县执委会妇女运动委员。其间，除组织同学上街下乡宣传北伐和国民革命外，还到附近乡村开办农民夜校，组织农民协会，发展农协会员，建立农民自卫军，支援北伐战争。

1927 年 5 月马日事变后，受中共湘南特委派遣，毛泽建随陈芬前往衡山县工作，恢复党组织，开展地下斗争。同年 8 月，新的中共衡山县委成立，陈芬任县委书记，毛泽建任县委妇女运动委员，兼做县委通信联络等机要工作。11 月，衡山县委召开会议，传达中共中央八七会议精神，作出改组基层党支部、发动武装暴动、创建革命武装等 4 项决议。在大革命处于低潮、全国被白色恐怖笼罩之时，组建衡山工农游击师，陈芬任党代表，毛泽建任队长。她率领游击队员四处活动，积极开展游击斗争，打得敌人心惊胆战，成为远近闻名、令敌闻风丧胆的女游击队长。不久组建中国工农革命军第 10 师，陈芬任党代表，毛泽建任总指挥，在湘醴边界与国民党反动势力进行不屈不挠的武装斗争，取得护湘关等战斗的胜利，使湘南地区的革命烈火熊熊燃烧。

1928 年 2 月，中共衡山县委再遭敌人的严重破坏，陈芬、毛泽建奉上级党组织的命令前往耒阳，与朱德、陈毅等领导的湘南起义部队联系，并组建耒阳农民游击队，毛泽建任队长。4 月，湘南起义部队向井冈山进军后，陈芬、毛泽建夫妇奉命留下坚持游击斗争。5 月 5 日，游击队在耒阳夏塘铺一带活动时，遭到当地反动武装“挨户团”的重兵包围。突围中陈芬、毛泽建不幸落入敌手，陈芬惨遭杀害。不久，从井冈山革命根据地来的一支游击队袭击耒阳县团防局和夏塘铺“挨户团”，成功解救出毛泽建。因她即将生产，行动不便，只得藏匿在当地一位孤老婆婆家里。后生下儿子艰生，但孩子的哭声惊动了正在搜查的“挨户团”，毛泽建再次被捕。

国民党当局认为毛泽建是毛泽东的堂妹，在马日事变前后担任中共衡山县委的重要职务，先将她从耒阳押往衡阳，后又押解至衡山，关在县女子监狱。面对敌人的威逼利诱和严刑拷打，毛泽建始终坚贞不屈，严守党的机密，大义凛然地说：“革命者不怕死，怕死不当共产党！”敌人派叛徒彭瓒去劝降，结果遭到毛泽建的一顿臭骂，“要我变节，除非日从西边出，湘江水倒流”。

1929年8月20日，毛泽建在衡山县城南门外马庙坪英勇就义，年仅24岁，用短暂的生命书写了一首惊天地泣鬼神的壮丽诗篇。

对于毛泽建的牺牲，毛泽东曾十分痛惜地说：“菊妹子的牺牲很可惜，她是个好同志。”

01 多难的童年

命运多舛的“菊妹子”

韶山，位于湖南省中部偏东的湘中丘陵地区，湘潭、宁乡、湘乡三县的交界处，地处湘江中游西岸40公里，群山环抱。“韶”乃虞舜时乐名，史载：“韶山，相传舜南巡时，奏韶乐于此，因名。”被韶山环抱的一块狭长的谷地便是湘潭县的韶山冲。

1905年10月5日，农历九月初七，韶山冲东茅塘贫苦佃农毛贻经家里呱呱降生了一个女娃。因时值秋风送爽、菊花飘香的季节，所以就给她取了个“菊妹子”的乳名。

20世纪初的中国，正处于半殖民地半封建社会的苦难深渊，广大贫苦农民备受帝国主义、封建主义和官僚资本主义三座大山的深重压迫，挣扎在水深火热之中。那时的韶山冲可谓百业疲敝、民不聊生，有一首民谣是这样唱的：“韶山冲来冲连冲，十户人家九户穷。有女莫嫁韶山冲，柴根子红薯度一生。农民头上三把刀，税高租重利息高。农民眼前三条路，逃荒讨米坐监牢。”

和当时中国千千万万个农民家庭一样，菊妹子一家人的生活同样也是贫困不堪，常常揭不开锅，吃了上顿没下顿。父亲毛贻经，字蔚生，因家中无田、生活贫困，年轻时只能靠给人家帮工勉强糊口。由于劳累过度，毛贻经患上了严重的肺病，又无钱治病，结果经常咯血，不能再干重体力活，全家生活的重担就落到了菊妹子的母亲陈氏肩上。陈氏是一位勤劳俭朴的家庭妇女，但患有眼疾，双目只能看见微光。而在韶山冲，毛贻经还有个堂兄叫毛贻昌，却与众不同。

毛贻昌，字顺生，号良弼，生于1870年。年轻时因负债被迫外出投军，在湘军里当了几年兵，增长了不少见识，同时也积攒了一些银钱。还乡后，他用这笔钱陆续购置了一些田地，合计达22

亩，每年能收 80 石稻谷。19 世纪末，湘潭县有着在湘中颇有影响的米市，由于毛贻昌善于经营，后来又集中精力去做稻谷和猪牛生意，资本逐渐滚到两三千元，并自制了一种叫“毛义顺堂”的流通纸票，在“小小的韶山冲，可算是个财东”。

1885 年，毛贻昌娶了 18 岁的文七妹为妻。文七妹是一位勤劳、善良、品德高尚的农村妇女，家住在与韶山冲只有一山之隔的湘乡唐家坨（后改为棠桂阁）。因在文氏同族姐妹中排行第七，人称文七妹。文家以务农为业，家境小康。婚后文七妹连生下两个男孩，但都不幸在襁褓中就夭折了。

1893 年 12 月 26 日，文七妹生下第三胎，还是个男孩，取名泽东，字咏芝（后改为润之）。由于文七妹生怕这个男孩也不能长大成人，便抱他到娘家那边的一座石观音小庙，叩拜一块巨石，认作干娘，还取了个小名，叫“石三伢子”。此后，文七妹又相继生下了两男两女。两个男孩分别取名毛泽民、毛泽覃，可惜两个女孩又都夭折了。

1910 年秋天，17 岁的毛泽东离开闭塞的韶山冲，走向外面更为广阔的世界，到湘乡县城附近的东山小学堂读书。这是他人生历程中的第一个转折，激动心情可以想象。

1911 年春，东山小学堂的贺岚冈老师应聘到长沙的湘乡驻省中学任教。因毛泽东成绩优异，贺岚冈愿意带他前往读书。这是毛泽东第一次坐轮船到长沙，顺利地考入了湘乡驻省中学。

同年 10 月 10 日，在资产阶级革命政党中国同盟会的领导和推动下，湖北革命党人发动了武昌起义，给清朝统治以沉重打击。湖南等省区争相响应，纷纷宣布独立，形成全国范围的革命高潮。毛泽东决定投笔从戎，参加辛亥革命，到湖南新军第二十五混成协第五十标第一营左队当了一名列兵。

1912 年 2 月 12 日，清宣统皇帝溥仪宣布退位，在中国延续 2000 多年的封建帝制就此灰飞烟灭。已当了半年兵的毛泽东认为自己参军的目的已经实现，开始重新考虑自己的前程，决定退出军队返回学校，完成中断的学业。

不久，韶山冲发大水，田里庄稼颗粒无收。这使原本贫困的毛贻经一家雪上加霜，家里实在是揭不开锅了，年仅 7 岁的菊妹子只好跟着几乎失明的母亲沿街乞讨。

心地善良的文七妹平日里对毛贻经一家很是同情，时常接济些稻米，这给毛泽东留下了深刻的印象。1936 年 10 月，他向到陕北采访的美国记者埃德加·斯诺回忆说："我母亲是个仁慈的妇女，为人慷慨厚道，随时都愿意接济别人。她同情穷人，并且当他们在荒年里前来讨米的时候，常常送米给他们。"

文七妹不忍心让菊妹子这么小小年纪就在大街上讨饭，欲将其收养为女儿。毛泽东正巧从长沙回到韶山冲，当得知母亲的这个想法后，很是高兴地说："您不是很想有个女儿吗？把菊妹子接到我们家里来最好。"

于是，在毛泽东的极力支持下，文七妹便把菊妹子接到韶山冲上屋场的家里，收为养女。

毛家"泽"字辈共有兄弟 10 人，女娃只有菊妹子一人，加上菊妹子聪明伶俐、善良勤劳，毛泽东的父母把菊妹子视作亲生女儿一般疼爱有加，毛泽东兄弟 3 人也把这个苦命的堂妹当作亲妹妹一样看待。菊妹子在上屋场过得十分开心，她特别敬重毛泽东，亲热地称他为“三哥”。

毛泽东亲自为她取名

菊妹子从小性格就很坚强、刚烈。来到上屋场后不久，家里突然闯进来几个强盗，到处翻找，并逼问菊妹子贵重的东西藏在哪里，但她一句话也不肯说。强盗们将菊妹子打得鼻青脸肿，最终还是一无所获，只得悻悻而去。

1913 年春，20 岁的毛泽东怀着寻求强国的梦想，考入了湖南省立第四师范学校，次年春并入湖南省立第一师范学校。

这所学校位于湖南长沙南门外妙高峰下，面对滚滚北上的湘江水，隔江放眼，西岸便是郁郁葱葱的岳麓山。当时，第一师范可谓人才荟萃，不仅拥有一批学识渊博、思想进步、品德高尚的教师，如杨昌济、徐特立、方维夏、王季范、黎锦熙等，而且招收了一批追求进步的热血青年，如何叔衡、蔡和森、张昆弟、陈章甫、罗学瓒、周世钊、李维汉、萧子升、萧子櫼等，在湖南堪称培养新青年的摇篮。

在这里，毛泽东如饥似渴地汲取新思想，不仅打下了深厚的学识基础，而且他的思想随着新旧交替的时代前进，开始形成自己的思想方法和政治见解，获取了社会活动的初步经验。

1915 年春节前，毛泽东放寒假回到韶山冲。

一天傍晚，毛泽东把菊妹子叫到面前，满面笑容地问："你认得字吗？"

菊妹子摇了摇头，不解地说："三哥，大家都讲女人家读书没有啥子用。"

"那你取了大名没有？"毛泽东又问。

菊妹子涨红着脸，不好意思地摇了摇头。

毛泽东思索了一会儿，拿起笔来在一张纸上写下了"毛泽建"3 个字，对菊妹子说："今后你就叫'毛泽建'吧！"

菊妹子瞪大了一双明亮的眼睛，好奇地望着毛泽东。

"'毛'是我们的姓,'泽'是排辈,'建'是你的名,是设立和建筑的意思。"毛泽东耐心地解释着,然后又语重心长地说:"你可要为穷苦人建功立业啊!"

"毛泽建,多好听的名字呀!"菊妹子从心底感激三哥为她取了正式的名字,但毕竟她还只是一个不到10岁的乡下小姑娘,对毛泽东讲的道理似懂非懂,瞪大眼睛点了点头,然后兴冲冲地跑了出去,嘴里喊道:"我有大名了,以后我就叫毛泽建了!"

这天夜里,菊妹子兴奋地在床上翻来覆去睡不着觉,心里一直在默念着"毛泽建"3个字,并用手指一遍又一遍地模仿着毛泽东写的这3个字。

第二天一大早,毛泽东就笑着问:"菊妹子,那个名字还记得不?"

"当然记得了,我叫毛泽建。"

"嗯,不错。"毛泽东夸奖道。

菊妹子兴奋地说:"三哥,我还会写了呢!"

"是吗?那你写给我看看!"毛泽东颇感意外。

只见菊妹子拿起一个小木棍,在地上歪歪斜

斜地写下了“毛泽建”3个字，居然一字不差。

“菊妹子真有出息，以后我们就叫你毛泽建了！”毛泽东点了点头，高兴地笑了。

两块银圆

深秋的一天傍晚，太阳快要落山了。在夕阳的余晖中，毛泽建挑着一担茅柴，带着年幼的弟弟从黄花山向家里走去。眼看弟弟落在自己后面越来越远，她便放下担子，在路旁边等边歇口气。

忽然，毛泽建发现身旁的草丛里有个白色的小包，便走过去捡了起来，捏在手里沉甸甸的。她把外面包着的白布解开，里面又裹着一层青布，还用麻线扎得紧紧的。再解开青布，里面还包着两层纸。毛泽建越解越发感到稀奇。

这时候，弟弟也挑着一小担子茅柴赶上来了，一眼就看见毛泽建手里拿着什么东西，大声喊道：“姐姐，你捡了什么好东西？”

毛泽建赶忙上前接过弟弟的担子，回答说：“我在路边草窝里捡了个包包，里三层外三层，包得紧紧的，不知道是什么东西。”

放下担子后，毛泽建小心翼翼地撕开了那两层纸，“啊！是两块光洋！”

弟弟高兴得跳了起来，连声说：“太好了！太好了！”

毛泽建没有作声。她记起自己的父母把挣到的几个银毫子，甚至几十个铜板，也总是用布包了一层又一层，藏得好好的。这两块银圆一定也是穷人丢失的。想到此，她问道：“弟弟，你看这钱是哪个丢失的？”

弟弟天真地回答说：“鸡公叫，鸭公叫，各人寻到各人要。”

毛泽建认真地说：“那是做游戏的时候说的，这回是两块白花花的光洋，是有用的东西。”

弟弟听后也一本正经地说：“就是因为有用，我们才要呢！”

这句话一下子勾起了毛泽建许多心事：是啊，如果把捡的钱拿回家去，给病重的父亲抓几服中药吃，或许就能把病治好；如果能再买上几斗米，全家也就能吃上十天半个月的饱饭。但是这两块银圆分明是别人丢失的呀！看起来也是个穷苦人，莫说是两块银圆，就是一分一厘钱也来得不容易啊！

想到这里，她对弟弟说："假若别人正是要拿这两块光洋去抓药、买米，还不知要怎么着急呢？"

"哪会碰得这么巧！"弟弟不高兴地噘着小嘴说。

毛泽建拍了一下弟弟的肩膀，大声说："你还记得三哥买猪的事吗？"

接着，她给弟弟讲起三哥毛泽东的一个故事来：

那是一年冬天，毛贻昌要毛泽东到一户农家，把原来定好了的猪买回来。

谁知，当毛泽东到了那户农家后，那家的婆婆正一脸愁容，唉声叹气地对他说："我家的猪卖给你，价钱太低了，现在猪价上涨，如果那时不把猪定给你家，现在卖，价钱就高得多。"

毛泽东听了后很是同情，便说："我不称你家的猪了，你卖给别人吧！”

回家后，毛贻昌见毛泽东空手而归，就问他为什么没有把猪买回来？

毛泽东回答说：“原来你给他家定的猪价就不高，现在猪价涨了，人家不愿卖了。”

毛贻昌生气地说：“那不行，做生意一行，讲定了价就不能变，这是规矩。”

“猪不是我家喂的，那钱就不应该由我家赚。我们不能要不该自己赚的钱。”毛泽东理直气壮地反驳道。

毛贻昌无言对答，最后也只好作罢。

毛泽建讲完故事，就问弟弟：“你看，三哥做得对不对？我们不能要不是我们自己的钱！”

弟弟听姐姐讲得有道理，便点了点头，挑起茅柴先走了。毛泽建坐在一棵樟树下面，要等着丢钱的人来找。

天色渐渐地暗了下来，麻雀叽叽喳喳地往窝里飞，乌鸦哇哇叫得有点吓人，可还是没有人来找。毛泽建心神不安地坐下又站起，站起又坐下……

正在这时，毛泽建突然听到一阵急促的脚步

声，一个中年人急急忙忙地走过来了。只见他低着头边走边在路边和草丛里到处乱找，时而用脚去踩，时而用手去摸，像是在寻找什么东西。

见此情形，毛泽建一个箭步赶上去，问道：“叔叔，你在找什么？”

“不好了，我把钱丢了！”

“多少钱？是什么时候，在哪里丢的？”

那中年人急得满头大汗，生怕耽误时间，显得有些不太耐烦，说：“细妹子，莫打岔！天快黑了，找不到怎么得了！”

“你讲清楚，我帮你一起找。”

中年人一边继续四处寻找，一边讲了起来。

原来这个人也姓毛，叫毛桂堂，家住的地方离这里不太远。最近他到外地去帮别人打短工，起早摸黑地干了两个月，好不容易才攒下了两块银圆，准备拿回家来还债，剩下的再给老娘和孩子们买点儿吃的。谁知因为赶路走得急，身上发热直冒汗，便脱下衣服在这里歇息喘口气，哪晓得就把两块银圆给弄丢了。

说着说着，毛桂堂捶胸顿足起来，懊丧得不

得了。

情况完全搞清楚了，毛泽建连忙说："叔叔，莫着急，光洋我捡到了。"说罢从衣袋里掏出那两块银圆和布包，放在他手里。

毛桂堂接过两块银圆，激动得好久说不出话来。他急忙从身上摸出两个银毫子塞到毛泽建手里，千感谢万感谢地说："好妹子，这两个毫子你一定要收下，也是叔叔的一片心意。"

"我不要。这两块光洋本来就是你的，应该还你。"毛泽建说完，挑起茅柴担子，拔腿就跑了。

毛桂堂在身后一直紧紧地跟着她。当毛泽建回到东茅塘家里时，毛桂堂也跟着到了她的家里。他再三向毛泽建的父母亲表示感谢，此后逢人就说："毛泽建真是我们韶山冲里的好后代！"

毛母托孤

作为一名普通的农村妇女，文七妹终生默默

地操持家务，抚养儿辈。她极富同情心，待人接物纯朴善良，遇到灾荒年月常常背着丈夫送米给讨荒的人。平日里还虔诚地烧香拜佛，把“积德行善”“因果报应”一类的信念灌输给孩子们。

毛泽东非常敬重母亲，曾经对许多人讲：母亲的高风懿德给他留下了极深的印象，并对他下决心寻找一条解救贫苦农民的道路产生了积极的作用。在给同学邹蕴真的信中，毛泽东写道：世界上有三种人，损人利己的，利己而不损人的，可以损己以利人的，自己的母亲便属于第三种人。事实上，母亲文七妹对毛泽东的影响，在他的一生中都能清楚地体现出来。

1918 年 8 月 15 日，刚刚从湖南省立第一师范毕业的毛泽东和萧子升、张昆弟、李维汉、罗章龙等 24 名青年，第一次坐火车离开长沙，走出湖南，奔赴北京。此行目的是组织湖南学生赴法勤工俭学。

临行前，毛泽东十分挂念正在外婆家养病的母亲，致信七舅父、八舅父，感谢他们照料患病的母亲，并称：“乡中良医少，特请人开来一药方为母治病；如不能愈，到秋收之后，拟接到省城治疗。”

在风云激荡的20世纪初，作为近现代中国政治中心，同时也是传统文化与现代文化、东方文化与西方文化交流融合之地，北京的新思潮涌动此起彼伏、生生不息。由留日、留美、留法的海归知识分子，如李大钊、陈独秀、胡适、鲁迅等组成的新文化阵营，携带着国外不同的思想流派和思维方式来到北京，奋笔疾书，激烈争辩，探求未来中国之出路。一时间，三民主义、新村主义、无政府主义、实用主义、马克思主义等各种新名词纵横飞扬、争奇斗艳。据统计，先后有300多个政党、数十种来自全世界的思想潮流，在中国的政治舞台上你方唱罢我登场。

1917年11月，俄国爆发十月革命，建立苏维埃政权，成为人类历史上一个划时代的事件，极大地改变了20世纪世界历史的进程。十月革命中俄国工农大众在社会主义旗帜下所进行的英勇斗争和取得的历史性胜利，对中国革命产生了巨大的影响。正在苦苦探求救国救民真理、对西方文明和资本主义制度感到失望而又茫然无措的中国先进分子，眼前为之一亮：资本主义的路走不通，可以走社会主义思想指引的路。中国由此出现了一批赞成俄国十月革命、具有初步共产主义思想的知识分子。

1918年8月19日，毛泽东一行来到北京，暂住鼓楼后豆腐池胡同九号杨昌济先生家中。不久搬至景山东街三眼井吉安东夹道7号，与蔡和森、萧子升、罗章龙等7人挤在三间狭小的房间里，“隆然高炕，大被同眠”。

10月间，经杨昌济介绍，毛泽东认识了时任北京大学图书馆主任的李大钊，并被安排到图书馆当了一名助理员，每月薪金只有8元。尽管生活十分清苦，但毛泽东在这里却大开眼界，不仅可以阅读各种新出书刊，参加李大钊组织的学生研讨各种新思潮的活动，结识了陈独秀等名流学者和谭平山、王光祈、陈公博、张国焘等颇为著名的人物，并与北京新闻学研究会创办人邵飘萍、来自湖南的北大中文系学生邓中夏等人建立了深厚的友谊，还参加了哲学研究会、新闻学研究会以及平民教育讲演团的活动。尤其是在北大图书馆工作期间，毛泽东阅读了李大钊发表的歌颂俄国十月革命和宣传马克思主义的文章，使他“迅速地朝着马克思主义的方向发展”。

1919年春，文七妹因患瘰疬（俗称疝子颈），一病不起。毛泽东得知消息后，心急如焚，决定立即离开北京，赶回侍候母亲。

4月6日，毛泽东带着许多刚刚学到的新思想和活动经验回到长沙，住在修业小学，担任该校历史教员。随后，他把母亲接到长沙医治。毛泽建也一同来到长沙，和三哥一起照顾母亲。

在长沙，毛泽东一边亲侍汤药，精心照料母亲；一边继续同长沙的新民学会会员加强联系，直接投身到社会活动之中，主持创办了《湘江评论》。

尽管毛泽东、毛泽建兄妹二人悉心服侍母亲，但文七妹的病积重难返，已不是药物所能回天的了。在长沙住了两个月后，文七妹自知将不久于人世，就提出落叶归根，要回韶山冲的家里。

临行前，文七妹心事重重地对毛泽东说：“润之呀，我的病治不好不要紧，就是一件事放心不下。”

毛泽东急忙问母亲是何事。

文七妹拉着毛泽东的手，嘱托道：“你父亲兄弟四人，只有菊妹子一个女儿，你要把她当亲妹妹看，带她读点书，日后好在外面找点事做。我不行了，只希望你们好。”

毛泽东眼含热泪，连连点头说：“母亲，您放心，我一定把菊妹子当成亲妹妹看。”

就这样，毛泽建与三哥恋恋不舍地分手，陪母亲回到了韶山冲，日日夜夜守候在侧。然而文七妹早已病入膏肓，非药力所能医治，病情日渐沉重。

此时，湖南督军张敬尧蛮横地摧残教育并封禁了《湘江评论》。这使毛泽东难以平静下来。当8月中旬，张敬尧强迫解散湖南学联时，毛泽东就开始考虑进行一场“驱张”运动。一个月后，毛泽东在湖南商专召集原学联干部酝酿“驱张”问题时，指出北洋军阀内部直、皖两系内讧是“驱张”的大好时机，湖南学生要做“驱张”运动的主力，尽可能策动教员和新闻界人士支援。

10月初，正当毛泽东为领导“驱张”运动奔走呼号之际，一个噩耗传来了。他收到大弟毛泽民从韶山冲寄来的家信，说母亲病危。毛泽东急忙带着正在长沙读书的小弟毛泽覃，星夜赶回韶山冲。

然而，毛泽东还是来晚了。两天前，也就是10月5日，文七妹病逝。

毛泽东跪在母亲的灵前，心似刀绞，泪如泉涌。当晚，他满怀深情地写下了一篇感天动地的《祭母文》：

鸣呼吾母，遽然而死。寿五十三，生有七子。
七子余三，即东民覃。其他不育，二女二男。
育吾兄弟，艰辛备历。摧折作磨，因此遘疾。
中间万万，皆伤心史。不忍卒书，待徐温吐。
今则欲言，只有两端。一则盛德，一则恨偏。
吾母高风，首推博爱。远近亲疏，一皆覆载。
……

“童养媳”逃出苦海

在料理完母亲的后事后，毛泽东告别父亲和泽民、泽覃、泽建，急匆匆地赶回长沙，准备在全国范围内发动一场声势浩大的“驱张”运动，作为爱国运动的继续和深入。

1919年12月18日，毛泽东领导的湖南“驱张”代表团来到北京，住在福佑寺的后配殿。28日，“湖南旅京各界驱逐军阀张敬尧大会”在位于北京烂缦胡同的湖南会馆召开。湖南同乡千余人到会，由毛泽东主持大会。他手持写有“张毒不除，湖南无望”口号的标语登台演讲，讨论“驱张”办法。

毛泽东在第二次来到北京组织“驱张”运动期间，与李大钊炽热地研究讨论俄国十月革命和马克思列宁主义著作，与北京大学马克思学说研究会的主要发起人邓中夏、高君宇、罗章龙等人交往密切，阅读了研究会所收藏的马列主义著作和关于俄国十月革命的文献，这对毛泽东产生了重大影响。

1920 年 1 月 23 日，就在毛泽东紧张地组织“驱张”运动之际，父亲毛贻昌也因病撒手人寰。不到 15 岁的毛泽建无依无靠，不得不又从上屋场搬回到东茅塘自己的家中。

而这时，毛泽建的父亲毛贻经已经去世，母亲陈氏也因操劳过度、生活困苦，眼睛几乎完全失明。三个弟妹中，最大的毛泽华不到 10 岁，最小的毛泽青还在襁褓中，家里生活十分困难，经常揭不开锅。无奈之下，毛泽建的母亲便听从一个远房亲戚的劝说，把她嫁到韶山附近的杨林乡萧家，做了童养媳。

在萧家，毛泽建可谓度日如年。每天繁重的家务活，一家大小、里里外外、粗粗细细的事情，全数压在她那还十分稚嫩的肩头。尽管做牛做马，有时累得连腰都伸不直，但毛泽建却不能得到一丝温情，经常被萧家人责骂，甚至连饭也吃不饱。

一天傍晚，毛泽建在灶台前洗刷铁锅时，突然头晕眼花，额头撞到铁锅边上，裂开了一道很深的口子，血流不止。萧家婆婆不仅不来救护，反而按着毛泽建的头往烧红的锅边上烫，痛得她昏死过去。从这以后，她的前额就留下了一块伤疤。

毛泽建无比怀念在上屋场那段无忧无虑的生活，时常想起母亲文七妹病重时嘱托三哥毛泽东的那番话。所以一有时间，她就偷偷跑回上屋场打听三哥的消息。

毛泽建盼星星、盼月亮，终于把毛泽东盼回来了。

1920 年冬，毛泽东与恩师杨昌济的女儿杨开慧结婚。不久，他就偕新婚妻子回到韶山冲过春节。

毛泽东并没有忘记母亲的嘱托。一回到家里，就四处寻找毛泽建。当他得知毛泽建已嫁到杨林萧家时，便急匆匆地让人把毛泽建找来。

见到三哥时，毛泽建早已泣不成声。

毛泽东安慰道:“你莫哭，那是没有办法的事，我这就接你回去，到长沙去读书，好吗？”

毛泽建连连点头，高兴地跟着三哥回到韶山冲上屋场，从此解除了这段不合理的婚姻。

新中国成立后，毛泽建的胞弟毛泽连老人曾回忆道：

由于家里生活困难，毛泽建六七岁时就开始到外面讨米，后来过继给毛泽东的母亲做女儿。

1919 年到 1920 年，主席父母先后去世，泽建就没人抚养了。那时她已十四五岁，只好仍旧去讨饭。

我老表萧南庭见了，便对我母亲（蔚生六阿婆）讲："这么大的妹子出去讨米太丑了。何不找个人嫁出去算了。"并说："我可以帮这个忙，给她作个介绍。"同时问我母亲放不放心？

我母亲说："有你老表帮忙，我哪有不放心的！"

泽建找的是他的本家，杨林一个姓萧的……

没几个月，主席回来了。没见到泽建，便来我家问我"怎么不见泽建。"

我母亲说："你母亲死了，你叔叔也死了，没人抚养她，便把她嫁出去了。"

主席听了说："我要把她接回来。"

后来，主席让一个叫毛希乔的农民去送信，叫泽建回来见他。泽建立即赶到上屋场。见了三哥，她非常高兴。

主席说：“别做童养媳了，跟我去长沙读书。”

泽建听了更是高兴，忙说：“哥哥到哪，我就到哪去。”

主席让她把丈夫叫来，对他说：“我要带泽建去读书，你也一起去吧。”

萧说要回去和父亲商量，他走后几天都没回来。主席等不及了，就带着泽建走了。

后来，萧家到我家来要人，说是没活人就要死尸。还问我们要了主席的地址，写信去要人。

主席回信说：“泽建不会回来了，让萧家再找一个媳妇。”

就这样，泽建从那时出去后，就再也没回来了。

1921年2月7日，农历大年三十晚上，毛泽东和弟弟妹妹们围着火塘守岁。毛泽民告诉哥哥，家里起了一次火，修屋用了不少钱，前些时候又遭败兵勒索和坏人抢劫，家事已是一年不如一年。

毛泽东听后，开导弟弟妹妹们："这些年，国家动乱，民不聊生，有志的青年要舍家为国，舍己为民。家里的房子可以给人家住，田地可以给人家种。我们欠人家的钱一次还清，人家欠我们的就算了。那几头牛，还是让别人去喂，要春耕了，人家用得着。剩下的谷子，春耕时粜给上下屋场的人吃。"

随后，毛泽东指着毛泽建说："菊妹子这几年受的苦就更多了，这怪不得哪个，不革命就没有别的路可走。"

作为兄长，毛泽东一直对弟弟妹妹们关怀备至，疼爱有加。每当放寒暑假回家，他总是要抽出时间给弟弟妹妹们宣传马克思主义，讲国家大事，谈革命形势，教育他们要舍小家为大家、舍自己为穷人，追求救国救民的革命真理。

"走出家乡，走向社会""参加革命，改造中国"等思想不断触碰着毛泽建的心。渐渐地，她开始有了人生的追求和对未来的向往，希望成为像三哥那样的革命者，探寻拯救天下受苦受难穷人的真理。于是，毛泽建急切地说：“三哥，我要跟你去读书，去革命，我再也不回萧家去了……”

就这样，过完春节，毛泽民、毛泽覃和毛泽建随毛泽东夫妇离开韶山，来到了长沙，开始了新的生活。从此，毛泽东全家都投身于革命活动中。

02 走上革命道路

走进新学堂

再次来到长沙，刚满 15 岁的毛泽建如飞出樊笼的小鸟一样，在这个既广阔又陌生的新天地里无比欢畅。

毛泽东安排毛泽建先暂时寄宿在长沙文化书社。因为杨开慧就在这个书社工作，这样既可以很好地照顾毛泽建，也可以抽出时间教她读书。虽说毛泽建在上屋场靠自学认识了不少字，但毕竟还没有进过学堂系统地学习文化。

1921 年春，在毛泽东和杨开慧的鼓励与帮助下，毛泽建考取了设在长沙城内小吴门西的伍家井崇实女子职业学校，开始了新的人生旅程。

能够跨进学堂大门对于别人或许不算什么，可对基本上没有什么文化基础的毛泽建来说，实在是个难得的机会。毛泽建是个心性很高、不甘人后的女子，她十分珍惜这个来之不易的学习机会，发愤读书，时常学习到深夜。

宝剑锋从磨砺出，梅花香自苦寒来。毛泽建天资聪慧又勤奋好学，学习进步神速，成绩在班里总是名列前茅，特别是刺绣课更为突出。

随着时间的推移，在毛泽东、杨开慧夫妇的悉心培养下，毛泽建的学习成绩不断提高，视野更开阔了，思想觉悟也提高了许多。尤其是在毛泽东、杨开慧的帮助和引导下，毛泽建用心阅读了他们介绍的马克思主义书刊，更多地接受了马克思主义理论和俄国十月革命的影响，对社会历史的发展有了比较正确的理解，逐渐成长为一名马克思主义者，实现了思想发展中极具重大意义的飞跃。就在这一年，16 岁的毛泽建光荣地加入了中国社会主义青年团。

1921 年 7 月，中国共产党第一次全国代表大会在上海召开，毛泽东出席了这次会议。大会通过了中国共产党第一个纲领和决议，选举产生陈独秀、张国焘、李达组成的中央局。中共一大的召开宣告中国共产党的正式成立，从此中国出现了以马克思列宁主义为行动指南的统一的无产阶级政党。这是中国历史上开天辟地的大事变，中国革命的面貌为之一新。

8 月中旬，毛泽东回到长沙。不久被聘为湖南省立第一师范的国文教员，随即辞掉第一师范附属小学主事（校长）职务。10 月，中共湖南支部成立，毛泽东出任书记。他便租下长沙小吴门外一栋青砖青瓦的平房——清水塘 22 号，作为秘密活动机关。

清水塘地处城郊，偏僻幽静，所住者多为菜农，菜畦里有两口水塘，上塘水质混浊，下塘水清见底，由此得名。满园碧绿的蔬菜围着的三开间极其普通的青砖青瓦小平房，屋前的池塘边植有几株垂柳，柳丝迎风飘荡，环境显得格外宁静与幽雅。门前有条并不宽敞的路直通小吴门，虽人来人往但不大引人注意。毛泽建与毛泽东、杨开慧夫妇一起搬到清水塘居住。这样，毛泽建就有了更多更好的学习机会。

1922年5月，中共湖南支部改称中共湘区委员会，毛泽东仍然担任书记，并兼任中国社会主义青年团长沙地区执行委员会书记、中国劳动组合书记部湖南分部主任。他深入工厂矿山，同工人交朋友，了解他们的疾苦，通过开办工人补习学校，成立工人俱乐部，发现和培养骨干，并广泛发动工人，组织罢工，先后领导发动了安源路矿、粤汉铁路、水口山铅锌矿和长沙泥木工人等一系列的大罢工，掀起了湖南工人运动的高潮；他来往于自修大学、文化书社等地，与骨干接头，派出党的干部，到外地发展党、团组织……清水塘也就自然成为中共湘区委员会的秘密机关，成为毛泽东领导湖南省工人运动的机关。毛泽东、杨开慧开展的革命活动，对毛泽建产生了极大的影响。

就在这一年，毛泽建转入湖南省立第一师范附属小学读书。毛泽东、杨开慧对这个小妹十分关爱，经常抽空辅导她学习。夫妇二人还经常给毛泽建讲解工人、农民为什么会受到资本家、地主的剥削压迫，过着牛马不如的生活，以及共产党为推翻帝国主义、封建军阀统治而领导人民进行革命的道理。

在紧张的学习之余，毛泽建还阅读了毛泽东在报纸上发表的文章。对一些重要的章节，她总是一遍一遍认真地看，一遍一遍认真地记。一天，毛泽建阅读了毛泽东写的关于湖南常宁水口山铅锌矿的调查报告。

这是一部矿山工人的血泪史。在报告里，毛泽东详细记述了水口山铅锌矿成千上万的工人，在资本家的残酷剥削下过着牛马不如的生活。工人们终日在暗无天日的矿井下拼命地干活，每天劳动长达 12 个小时以上，工资却少得可怜，难以养活一家老小；而矿井又没有安全设备，不断出现伤亡事故，生命安全更是毫无保障。

有一次，工头硬逼着工人在一个岩石松裂的窿内（坑道）打起台子，站在台子上凿岩石。突然，一块巨石“轰”地从坑顶掉了下来，当场把来不及躲闪的 7 名工人活活压死在石块下。工友们悲痛欲绝，从碎石中把遇难工友的骨肉一点点拣出来，用草纸包好。遇难工友的家属们手捧亲人的骨肉，呼天喊地；然而狠毒的资本家不但不发放抚恤金，反而把他们统统赶出了矿区。一时间，无家可归的孤儿寡母们流落街头，靠乞讨生活……

读到这里，毛泽建再也抑制不住心中的悲痛，失声痛哭起来，泪水沾湿了衣襟。

“哭有什么用呢？眼泪救不了工人！”毛泽东不失时机地进行开导。

毛泽建擦干了眼泪，问道：“三哥，工友们该怎么办呢？”

毛泽东并没有直接回答，而是先打了个比方：路上有点小石子，大老板抬脚随便一踢，就踢开了，但要是把许多小石子掺上沙子、石灰合成团，大老板就搬也搬不动了。最后，毛泽东语重心长地说：“只有团结起来闹革命，不革命就没有别的路可走！”

对，只有团结起来闹革命，不革命就没有别的路可走！

毛泽建把三哥的话牢牢记在心里。她开始独立思考，终于懂得了现在学习，就是为了以后干革命，为了投身于解放劳动人民的革命斗争中的道理。从此，她的学习劲头更足了，经常学到深夜。因为她知道现在多学一点，将来的本事就会大一点，就能够解救更多的劳苦大众。

“泽建这颗钉子，是打进洞了！”

一天，夜已经很深了，毛泽建还在灯下苦读。或许是连日劳累，她趴在桌子上不知不觉中睡着了。而这一情景恰好被五哥毛泽覃看到了。

毛泽覃生于 1905 年 9 月 25 日，只比毛泽建大 10 天。兄妹两人因为年龄相仿，经常在一起玩耍、开玩笑。于是，毛泽覃就把毛泽建叫醒，半认真半开玩笑地说：“你真是颗钝钉子呀！快回去睡觉吧，小心受凉。”说完，毛泽覃就走了。

说者无心，听者有意。

毛泽建再也睡不着了，她反复琢磨五哥的这句话：你真是颗钝钉子呀。是啊，自己十五六岁才进学堂念书，脑子不钝才怪呢。记得三哥曾给她讲过“铁杵磨成针”的故事。别人学一遍，我学十遍难道还学不会？天长日久，总会有熟能生巧的时候。

1922年9月，中共湘区委员会在湖南自修大学开办附设补习学校不久，毛泽覃、毛泽建相继来到这里，白天在自修大学附设补习学校上课，晚上到平民夜校听课。

湖南自修大学设在长沙小吴门正街船山学社内，是毛泽东于1921年8月利用船山学社的社址和经费一手创办起来的。毛泽东先后起草了自修大学的《组织大纲》和《创立宣言》，“自修大学为一种平民主义的大学”，采取自学为主的方法，研究各种学术，并注意劳动，“求知识与劳力两阶级之接近”，是“取古代书院的形式，纳入现代学校的内容，而为适合人性便利研究的一种特别组织”，同时作为党的一个加强理论学习和宣传的公开场所。其补习学校由毛泽东亲自担任指导主任，湖南共产主义小组创始人之一、中共一大代表何叔衡担任主事。

进入自修大学附设补习学校后，毛泽建如鱼

得水，一边在文化知识的海洋里畅游，一边认真攻读《共产主义ABC》《共产党宣言》《社会主义从空想到科学的发展》《劳农政府和中国》等革命著作，以及《新青年》《向导》周刊等进步刊物，经常聆听毛泽东宣传马克思主义、俄国十月革命胜利的讲课，努力提高自己的思想和理论水平。晚上，她去平民夜校听三嫂杨开慧讲课，听共产党员夏明翰老师讲《劳工神圣》，懂得了“劳动创造世界”的道理，立志胸怀天下、追求革命真理、献身革命事业。

这一天，毛泽东把毛泽建和毛泽覃都叫了去，说是要当面考考他们的功课。

“你们俩哪个先来？”毛泽东笑着问。

“先看‘钝钉子’的吧！”毛泽覃又开起了玩笑。

“我这颗‘钝钉子’是钝一点儿，但只要下功夫，也可以打进洞的！”毛泽建不服气地说。

考试结果大大出乎毛泽覃的意料：毛泽建对答如流。

毛泽东满意地笑了，并即兴写了一首称赞毛

泽建刻苦学习精神的诗，其中有两句是：绳锯木断，水滴石穿。

毛泽建非常感激三哥对自己的鼓励，她把这两句话书写好，贴在自己住室的墙壁上，又在课本上工工整整地抄写了一句古训：书山有路勤为径，学海无涯苦作舟。

在毛泽东、杨开慧等人的亲切关怀下，毛泽建只用了两年半的时间就学完了五六年的课程。除了积极学习科学文化知识外，她还积极投身党领导的各种革命活动：为向社会广泛宣传马克思列宁主义，经常利用业余时间跑到毛泽东在长沙发起成立的文化书社，推销各种进步书刊；为在清水塘秘密召开的党的会议站岗放哨；帮助泥木、人力车等工会，书写标语、刻印传单、赶印传单口号等。尤其是毛泽建机智勇敢，毛泽东会经常派她去提取党的机密文件。而毛泽建也不负众望，一次次巧妙地躲过敌人的搜捕，将文件安全地送到毛泽东手里。

1922 年 10 月，在取得领导安源罢工胜利后，毛泽东又发动和领导了长沙 6000 多名泥木工人的罢工斗争。

当时，长沙政府搞土木工程的“义务工差”很多，工价又低，这是导致泥木工人生活贫困的直接原因。工人罢工的基本目的就是争取营业自由权，并要求长沙县知事把工价调高到三角四分。

10月6日，罢工开始后，毛泽东奔走呼号，全国一些地方的工会纷纷发来声援电，长沙《大公报》几乎每天都报道罢工消息。但长沙县公署拒绝接受工人提出的条件。工人们决定请愿，县公署又张贴布告，禁止请愿，否则依法惩办，还污蔑说工人中有“暴徒”，企图用武力进行威胁。一些工人害怕了，找毛泽东商量。毛泽东对他们分析说，一方面工人有组织，社会各界同情我们；另一方面，此事与湖南省省长赵恒惕的直接关系不大，没有赵恒惕的表态，长沙县知事周瀛干不敢杀人。

10月24日，毛泽东亲自担任泥木工人首席代表，率领几名工人代表到省政务厅同厅长吴景鸿谈判了3小时，迫使他答应由泥木工人起草一个呈文，说明要求增加工资和营业自由，交到省政府由赵恒惕批准。第二天，《呈省长文》在长沙《大公报》上全文刊发。赵恒惕不得不照此批准。至此，长沙泥木工人经过 20 天的罢工斗争，取得了完全胜利。

这一系列罢工斗争的胜利极大地鼓舞了毛泽建积极投身到反帝反封建的革命洪流中。在毛泽东等人的培养教育下，毛泽建的思想觉悟不断提高，经受了斗争的实际锻炼，迅速成长为一名坚强的革命战士。1923 年，毛泽建由何叔衡介绍加入了中国共产党。

看到毛泽建的思想逐渐成熟起来，毛泽东感到十分欣慰，兴奋地对杨开慧说："泽建这颗钉子，是打进洞了！"

赶走反动校长

随着革命斗争的深化，毛泽东成为湖南省省长赵恒惕的眼中钉、肉中刺。

1923 年春，赵恒惕在长沙城遍贴布告，悬赏缉拿"过激派"分子毛泽东。毛泽东只得依依不舍地告别了爱妻杨开慧和刚刚半岁的儿子毛岸英，秘密前往上海，到中共中央局工作。

临行前，毛泽东特意把毛泽建找来，叮嘱她马上离开长沙到衡阳去，一面继续学业，一面从事革命工作。

按照毛泽东的安排，毛泽建来到衡阳，住在夏明翰的家里，并在夏明翰的指导下复习功课。根据工作需要，毛泽建改名毛达湘，颇具发展湘南革命之意。同年秋，她与夏明翰的妹妹夏明衡及朱近之、侯碧兰等革命女青年，以优异的成绩考入湖南省立第三女子师范学校。

湖南省立第三女子师范学校（简称女三师），位于衡阳邹家码头荷花坪，是当时湖南省 3 所女子师范学校之一。该校创建于 1912 年秋，是辛亥革命的产物。

女三师可谓人才荟萃，不仅拥有一批学识渊博、思想进步、品德高尚的教师，而且还招收了一批追求进步的热血青年，如何宝珍、朱舜华、刘淑媛、萧腾芳、邓金声等。学校建设得也比较好，校舍均为砖木结构，有一座礼堂、四进二层的教室以及其他配套的生活设施，仅学校图书馆的藏书就达3万余册，而且学生入校后只需要交纳一点儿学杂费，伙食费则全部由学校包下来，无须个人负担。毫无疑问，女三师是个较为理想的学习场所。

在五四运动中，女三师的同学们无不义愤填膺，纷纷剪掉自己的辫子，梳成齐耳短发，每人又自制一面三角小旗，上面写有“取消二十一条”“惩办卖国贼”“打倒列强”“还我青岛”等口号，准备参加反帝反封建大会及示威游行。开会那天，校门紧锁，女同学们勇敢地翻过墙头，按时赶到雁峰寺会场，参加了爱国大会和示威游行。接着，女三师的同学们又参加了罢课斗争。她们深入城郊、农村，演出新戏、张贴墙报、散发传单、查禁日货，向人民群众揭露日本帝国主义的侵略行径和北洋军阀政府的卖国罪行，猛烈抨击封建礼教。

五四运动以后，毛泽东、邓中夏、何叔衡、恽代英等人曾多次到女三师宣传马克思主义和俄国十月革命，进行社会调查，开展建党建团工作，指导和组织学生运动。

毛泽建考取女三师后，被编入第十六班学习。

她一头扎进知识的海洋，如痴如醉地学习。自修室里，她总是最后一个离开；图书馆里，她一坐就是好几个钟头，如饥似渴地阅读《新青年》《星期评论》《女界钟》等进步刊物，几乎到了废寝忘食的地步。这些刊物里每一篇文章甚至每一句话，都拨动着她的心弦，使她的思想朝着一个新的领域前进。很快，毛泽建就成为一名品学兼优的学生，深受老师的喜欢和同学们的爱戴。

除了紧张的学习外，毛泽建并没有忘记三哥的谆谆教导，也没有忘记自己是一名共产党员，积极从事革命活动，宣传马克思主义，培养进步学生加入党团组织。

春夏时节，毛泽建带领同学们到凉风习习的湘江中央的东洲上，一起讨论国家大事；秋冬之际，她又带着同学们到枫红似火的回雁峰下，宣传为什么主张马克思主义的道理。她讲得深入浅出，很有见地，同学们都十分佩服她。不久，她介绍夏明衡、朱近之加入了中国共产党。1924 年，中共女三师学生党支部成立，毛泽建被推选为支部负责人。

位于衡阳县江东岸“浮桥公所”的湘南学生联合会，是湘南地区二十四县包括省立第三中学、第三师范学校、第三女子师范学校、第三甲种工业学校、成章中学、道南中学等中等学校在内的进步学生的联合组织，以“联络感情，交换知识，促进文化，改造社会”为宗旨。毛泽建被学生公推为湘南学生联合会负责人之一，担任女生部部长。她积极参加学校和社会上的政治活动，到工厂和农村集会、讲演，揭露帝国主义掠夺中国和反动军阀祸国殃民的罪行；先后发起组织了“旅衡同学会”“旅衡励进会”和“品学励进会”等进步组织，积极在进步学生中发展党团员；把自己平日里喜欢阅读的进步书刊，如《新青年》《呐喊》和《向导》周刊等，介绍给同学们，鼓励她们阅读这些书刊；组织同学上街演讲宣传，发动妇女剪发、放脚，反对封建礼教的“三从四德”，反对夫权，反对纳妾，宣传革命道理以及男女平等的思想。

时任女三师校长的欧鸣皋，倚仗湖南省省长赵恒惕做靠山，把学校看成自己私人的乐土，经常训斥进步学生。他是一个思想保守、老奸巨猾的顽固分子，是不折不扣维护封建礼教的“卫道士”，规定女三师学生过河只能乘坐自备的划子，不能与劳苦大众同船。

毛泽建等人早就对欧鸣皋主持下学校当局的专制腐败、治校无方深感不满，于是就发动同学们，主张“劳工神圣”，批判吃人的封建礼教，理直气壮地表示要与劳苦大众同船渡河，并利用这个时机向群众宣传马克思主义。

欧鸣皋在学生面前两面三刀，耍尽花招，不少学生都恨透了他。但也有相当一部分学生还没有看清他的真实面目，甚至对他仍然是毕恭毕敬、言听计从。毛泽建决定揭开欧鸣皋的伪善面纱。

恰在这时，学校的伙食越办越差，引起许多学生的不满。毛泽建与支部的其他负责人研究分析，估计是欧鸣皋在背后捣鬼。于是她们秘密到伙食团了解情况，一问之下，果然是欧鸣皋伙同财务人员暗中贪污了学生的伙食费。

很快，毛泽建就找到了真凭实据，带头揭露欧鸣皋的贪污行为，随后又发动学生团团围住校长室，迫使欧鸣皋当面承认错误，并答应立即改善学生伙食。这件事使欧鸣皋威风扫地，也使许多学生识破了这个伪君子的“庐山真面目”，毛泽建则得到了同学们的一致拥护，被推举为学生领袖。

欧鸣皋在学生面前出了丑，自然是极不甘心，对毛泽建等进步学生更是恨之入骨。为了扑灭学生心中燃烧起来的革命火焰，在冥思苦想后，他想出了一个招数。

几天后，欧鸣皋将200多名师生集合在会堂里，讲了几句无关痛痒的开场白之后，就将一名60多岁的老和尚请上讲台，开始大讲佛教。原来，欧鸣皋企图利用佛学，引导学生服从自己。

“欧校长，学生请教。”

就在老和尚口若悬河地讲解佛家的“四大皆空”时，毛泽建高声质问欧鸣皋：“女三师是寺庙还是学校？你是住持僧还是校长？”

欧鸣皋顿时被问得瞠目结舌，喃喃地说：“这……当然是学校，我自然是校长。”

毛泽建穷追不舍，言语犀利：“既然是学校，我们就应当学习知识。你身为一校之长，为什么把和尚请到讲台上，是不是要把我们这些女生培养成尼姑？”

“是呀，我们要学知识，不听佛经！”

“我们要做国家的有用之才，而不是去做尼姑！”

在毛泽建的带领下，学生一个个义愤填膺，纷纷向讲台冲去。老和尚见势不妙，急忙离开讲台，溜之大吉。

欧鸣皋更是狼狈不堪，低头缩脑地躲进房间里，将房门关得死死的。他做梦也没有料到，这些平日里文质彬彬、纤秀柔弱的女学生，竟会有如此大的胆量。

当天下午，毛泽建与夏明衡就带领进步同学勇敢地冲进县政府衙门，强烈要求县长陈其祥撤换欧鸣皋。

女三师的学生风潮愈演愈烈，已引起衡阳乃至湖南社会各界的关注与声援。陈其祥考虑到此事已轰动了整个衡阳教育界，不得不向省府呈文，免去了欧鸣皋的女三师校长职务，以平息学生的怒火。

毛泽东给她当红娘

自从毛泽建来到衡阳女三师后，毛泽东一直十分关心她的学习、工作和生活。

1923 年深秋，毛泽东再次来到衡阳，听取了湖南社会主义青年团负责人、中共湖南省立第一师范学校支部书记夏曦关于湖南省立第三师范学校学潮情况的汇报，并参加该校的党团员会议。毛泽建作为女三师的代表也参加了这次会议，聆听了毛泽东在会上所作的关于团结多数人、深入工农群众的指示。

兄妹二人在衡阳重逢，自然非常高兴。毛泽东在详细询问了毛泽建的学习和工作情况后，勉励她要努力学习，团结同学和进步力量，以更高的热情投身到国民革命运动中。

三哥的话对毛泽建启发很大。她反复体会三哥的教诲，深切地感受到：学校并不是世外桃源，关起门来埋头读书，根本无法实现救国救民于水火的理想。这时，她的耳边仿佛又响起三哥的话：不革命就没有别的路可走。

于是，毛泽建发动同学们到工人中做宣传，搞调查；到学校附近菜农家里走访，了解他们的疾苦；她团结进步同学，要在国民革命的大潮中，激扬起那涤荡污泥浊水的狂风大浪。

1924 年，中共湘南区委成立，毛泽建被选为区委委员，分管妇女运动和学生运动工作。她教育党员选择思想进步、家境贫苦、勤俭好学的同学做朋友，启发她们仇恨旧社会，激发起革命热情，并及时吸收她们入党，以发展壮大党的组织。

在担任湘南学生联合会女生部部长期间，毛泽建结识了湘南学生联合会负责人之一、中共湖南省立第三师范学校学生党支部书记陈芬。

陈芬，字绍陶，号剑锋，又名元菊、钧酞。1903 年 10 月 3 日生于湖南省耒阳县石砂坪（今遥田镇立新村）。7 岁即入本村私塾读书，1919 年考入湖南省立第三师范学校。

始建于 1904 年的湖南省立第三师范学校，简称湖南三师，原为湖南官立南路师范学堂，校址初设在衡阳县合江套对岸的晒金坪，位于湘、耒、蒸三水汇合之处。1912 年更名为湖南省立第三师范学校，被誉为“湘南最高学府”。1922 年，建立了湖南第一个党的基层组织——中共湖南三师党支部。该校为中国民主革命培养和输送了大批人才，故有“湘南革命摇篮”之美称。

五四运动期间，陈芬因受到革命思潮的影响，立志从事社会的改造事业，并经常发表演讲，阐述自己的见解，一时成为令人注目的学生。因此当湘南学生联合会成立时，他被推选为负责人之一，成为领导学生运动的一员闯将。1923 年春，陈芬加入了中国共产党。

当时，湘南地区的革命斗争在毛泽东的亲自指挥下开展得如火如荼，培养锻炼了一批年轻有为的群众运动骨干，特别是湘南学生联合会更是湘南革命的熔炉。

在共同的革命斗争中，陈芬发现毛泽建胆大心细、组织能力强。毛泽建也认为陈芬是一个有理想、有抱负、才华横溢的青年，很敬佩他的学识和为人，经常跑来向他请教。于是，两人从相识到相知，互生爱慕之情。

不久，毛泽东风尘仆仆地来到三师。见三哥突然到来，毛泽建高兴得跳了起来，连忙从毛泽东背上取下雨伞，拉着他的手走进了住房。

毛泽东喝着热茶，抬眼看到墙上贴着一副横幅："踏平人间坎坷路，巾帼英豪赛须眉。"字迹潇洒苍劲，落款是"书赠毛达湘学友，陈芬"。

毛泽东指着横幅问："菊妹子，这是谁写给你的？"

毛泽建两颊绯红，不好意思地说："这是三师一位耒阳籍同学写的。"

"这人书法还不错嘛！"

"嗯！他不但字写得好，还写得一手好文章哩！"毛泽建滔滔不绝地介绍道，"早几天，他同我以讨论中国妇女教育问题为题，合作写了一篇《与友人论女子职业教育》的文章。我们提出'振兴实业，解放妇女'的口号，刊登在湖南三师的校刊上，发表后影响极大哩！"

细心的毛泽东听妹妹把陈芬说得如此传神，

立即明白了八九分，笑着说："菊妹子，看来你对他蛮崇拜哟！"

"那当然啰！"毛泽建脱口而出，"男子汉就得像他一样，有正义感，敢于斗争，不能做书呆子。"

"这么说，你看上他啰？"毛泽东有意地逗了一句。

毛泽建听到此话，脸颊倏地红了，没有接话。

毛泽东微微笑道："菊妹子，莫怕丑，男大当婚，女大当嫁嘛。只要你看准了，我会支持你的！"

"三哥，你真好！"毛泽建两眼噙着激动的泪花。

毛泽东爽朗地笑起来："我知道，是要三哥为你牵红线哟！"

几天后，毛泽东在中共衡阳党组织负责人张秋人、蒋啸青的陪同下，来到湘南学生联合会会议室，为纪念五一劳动节作《关于马克思生平及艰苦斗争简史》的演说，毛泽建和陈芬等一大批进步学生都参加了活动。

散会后，毛泽东特地找到陈芬，亲切地说：

"陈芬同志，我找你谈谈。"

两人漫步走出校门，沿着湘江畔一边走，一边交谈起来。

"小陈，你家中的情况好吗？"毛泽东有意把话题岔开，以便进入主题。

陈芬见毛泽东问起家事，心情沉重地摇了摇头："我家里很穷，原先住在耒阳县辽田区石仙坪乡下，后来被有钱人欺负，父亲不得不到耒阳城里，开了个小豆腐店营生。"

"家里给你提亲没有？"

"父母包办，说了一个姓廖的妹子，我不同意，后来退了。"陈芬如实地回答。

"看来你年纪也不小了，得找一个理想的伴侣才好。"

"润之兄，像我这么个人，谁家妹子看得上？"陈芬淡然一笑。

"我告诉你，有一个妹子看上了你！"毛泽东认真地说。

"谁？"陈芬忙问。

"你看我家菊妹子怎么样？"

“她？”陈芬一听，欣喜若狂，真诚地望着毛泽东，讷讷地说：“达湘聪明伶俐，博学多才，小弟怎能与其般配？”

“我看你们志趣相投，挺合适的。我是转告她的意思，牵牵红线搭搭桥，今后尚需你们加深了解，希望你们结成伴侣，志同道合，共走革命道路。”毛泽东郑重地说，并向陈芬投去期待的目光。

03 投身工农运动

惩治“鲁恶鬼”

1924 年夏，陈芬从湖南三师毕业后，继续留在衡阳，开展革命工作。

在毛泽东的撮合下，1925 年年初，陈芬、毛泽建二人结为革命伴侣。不久，陈芬偕尚未毕业的毛泽建一同回老家耒阳。

耒阳地处湖南省东南部、五岭山脉北部，为湘粤赣三省交通要冲，因位于耒水北岸而得名。耒阳历史悠久，夏商时属荆州，战国时属楚国。秦始皇二十六年（公元前 221 年）始置耒县，隶长沙郡。西汉高祖五年（公元前 202 年），更名为耒阳，隶桂阳郡。

陈芬的家在陈家村，前有耒水，背靠青山，是一个依山傍水、山清水秀的地方。但这里同样也是恶霸横行，民不聊生。陈芬和毛泽建来到陈家村不久，就碰到当地劣绅鲁庆煊催租抢人，将佃户陈志秋毒打致死的事。

鲁庆煊外号“鲁恶鬼”，仗着家境殷实，养了一群打手爪牙，横行霸道，鱼肉乡里，欺压百姓，民愤极大。

“得想个办法惩治一下‘鲁恶鬼’！”毛泽建和陈芬了解情况后，义愤填膺，两人当即商量起对策来。

第二天恰逢当地大集。一大早，毛泽建就和陈芬分头将头天晚上写好的“鲁恶鬼打死佃户陈志秋罪责难逃”“要为陈志秋鸣冤”等标语，张贴到集市上。待四里八乡赶集的群众挤满集市时，毛泽建又跑到集市的戏台上，声泪俱下地向大家诉说了陈志秋被打死的真相，一时激起台下数千群众的无比愤怒。他们在毛泽建和陈芬的带领下，浩浩荡荡地朝“鲁恶鬼”家涌去。

只见鲁家的两扇朱漆大门紧闭，原来“鲁恶鬼”

听到了消息，躲进院子里把门拴得死死的。毛泽建灵机一动，亮开清脆的嗓音喊道："姓鲁的，你不出来答话，我们点起一把火，把这栋房子烧个精光！"

"狗腿子"鲁保六在里面一听，顿时慌了神，只得打开大门，毛泽建和陈芬立即带领大家冲进了院子里。

人们涌向各个房间寻找"鲁恶鬼"，但就是找不见其踪影。毛泽建走进一间杂屋，只见有一具黑漆棺木搁在墙边。在当时的中国农村，老人生前为自己置办棺木是件很正常的事，可奇怪的是，这具棺木的盖并没有盖严实，而是留了一条缝。

毛泽建顿时眼睛一亮，立即走上前去，朝棺木盖猛地一拍："鲁庆煊，你还不出来吗？再不出来，我就把盖子封死。"

只听到棺木里传出一个颤抖的声音："不要呀，莫封死了，我就出来，我就出来！"

棺木盖被慢慢推开了，"鲁恶鬼"颤抖着从里面爬了出来。毛泽建和陈芬勒令他负担陈志秋的全部安葬费，并赔偿陈家 300 块大洋。

面对眼前众多义愤填膺的群众，"鲁恶鬼"抖若筛糠，再也没有往日的彪悍和嚣张气焰，只得拱手作揖，连声求饶，答应立即照办。

“我们的女先锋”

1925年5月30日，上海工人、学生2000多人在公共租界各马路散发反帝传单，进行讲演，揭露日本资本家枪杀纱厂工人、共产党员顾正红的罪行。不料，租界当局大肆拘捕爱国学生，仅南京路的老闸捕房就拘捕了100多人。上万名愤怒的群众聚集在老闸捕房门口，高呼“上海是中国人的上海！”“打倒帝国主义！”“收回外国租界！”等口号，要求立即释放被捕学生。英国捕头爱伏生竟调集通班巡捕，公然开枪屠杀手无寸铁的群众，当场打死13人，重伤数十人，逮捕150余人，制造了震惊中外的“五卅惨案”。

帝国主义的疯狂屠杀，一下子点燃了中国人民心头对帝国主义侵略的郁积已久的仇恨怒火。中共中央召开紧急会议，决定由瞿秋白、蔡和森、李立三、刘少奇和刘华等组成行动委员会，组织全上海民众罢工、罢市、罢课。6 月 1 日，上海总工会成立，李立三任委员长，标志着上海工人运动从分散的状态开始转向集中的有组织的行动。从当天起，上海全市开始了声势浩大的反对帝国主义的总罢工、总罢课、总罢市，相继有 20 余万工人罢工，5 万多学生罢课，公共租界的商人全体罢市，连租界雇用的中国巡捕也响应号召宣布罢岗。

五卅运动是中国共产党领导下的群众性反帝爱国运动，是中国共产党直接领导的以工人阶级为主力军的中国人民反帝革命运动，极大地提高了全国人民的觉悟程度和组织力量。在中国共产党的直接领导和有力推动下，五卅运动的狂飙迅速席卷全国，从工人发展到学生、商人、市民、农民等社会各个阶层，并从上海发展到全国各地，遍及全国 25 个省区 600 多个县，约有 1700 万人直接参加了这场声势浩大的反帝爱国运动，标志着国民大革命高潮的到来。

在湖南衡阳，毛泽建组织广大进步学生积极

廢除不平等條約

参加游行示威活动，高呼“打倒帝国主义”“废除不平等条约”“撤退外国驻华的海陆空军”“为死难同胞报仇”的口号，声援上海工人罢工、学生罢课、商人罢市的“三罢”斗争。

时任衡阳商会会长的宾步程大卖日货，崇洋媚外，还大肆污蔑革命运动。毛泽建立即发动组织进步学生，冲进宾步程的公馆，揭发他的反动言行，和他进行针锋相对的斗争，并搜出了他家私藏的堆积如山的日货，当场全部予以焚毁。

经过革命斗争的浪潮洗礼，年仅 20 岁的毛泽建愈发成熟起来，被同学们赞誉为“我们的女先锋”。

这年夏天，毛泽东在向中共湘区委员会报告韶山农民运动情况、并就农民运动问题同湘区委员会的同志交换意见时，建议多派些同志前往广州农民运动讲习所学习。

当时在孙中山先生“联俄、联共、扶助农工”的三大政策指导下，国共两党已经开始了第一次合作。9 月上旬，为筹备国民党第二次全国代表大会的召开，毛泽东离开长沙奔赴广州，路经衡阳、资兴、耒阳、郴县（今郴州市）、宜章等地，“间道入粤”。沿途，毛泽东一再强调要多派优秀同志到各县农村秘密组织成立农民协会。

由于时间过于仓促，毛泽东仅在衡阳蒸湘中学住了一夜，就匆匆南下。这次，虽然毛泽建没能再见到敬爱的三哥，但毛泽东关于开展农民运动的思想，在她的心中已深深地扎下了根。

1926 年春，衡阳县反动军警在伪县长陈其祥的带领下镇压学生运动，逮捕了湘南学生联合会的一位代表和几名进步学生。

陈芬、毛泽建按照党组织的指示，率领学生代表冲击校长室，质问校长，并以湘南学生联合会的名义发动和组织了湖南三师、女三师等校的数千名师生，走上街口举行声势浩大的游行示威，抗议陈其祥无理逮捕学联代表和进步学生。

师生们一路振臂高喊“反对封建军阀”“立即释放学联代表……”等口号，勇敢地冲进了衡阳县署。吓得陈其祥连滚带爬地从后门逃走，最后迫于压力，乖乖地接受了学联的条件，无条件释放了被拘捕的学联代表和多名进步学生。

年轻的毛泽建在严峻的斗争中得到了淬炼，革命意志更加坚定，斗争经验更加丰富，并赢得了师生们的尊敬和信任。

智斗“罗老八”

1926年春夏之交，按照中共湘南特委的指示，毛泽建离开尚未毕业的女三师，担任中共衡阳县执行委员，并以农运特派员的身份，前往衡阳县北乡集镇的集兵滩农民运动讲习所工作，投身到轰轰烈烈的农民运动中。

毛泽建牢记三哥毛泽东的谆谆教导：“农民运动是一场伟大的革命，一切真正的革命都应当站在运动的前面，领导农民运动，支持农民运动，与农民生生共息。”她深入群众，注重调查研究，在衡阳县集兵滩、神皇山等地访贫问苦，向贫苦农民宣传革命道理，启发他们的阶级觉悟，并组织农民团结起来，建立和发展农民协会，成立农民纠察队，铲除土豪劣绅，推翻反动统治。

5月，陈芬担任中共郴县县委书记，8月增补为中共湘南特委委员，随后也来到衡阳开展革命工作，与毛泽建团聚。于是，夫妻二人并肩战斗，共同推动衡阳地区的农民运动。

在集兵滩农民运动讲习所，毛泽建亲自讲授《共产主义浅说》，辅导学员阅读《新青年》《向导》周刊等革命刊物，发动和组织农民批斗土豪劣绅，实行减租减息、剪发放脚，把农民运动搞得红红火火，狠狠地打击了地主恶霸和贪官污吏的嚣张气焰。毛泽建自豪地说："我们共产党人要和太阳一样红红烈烈，光明普照。"在她的领导下，一场轰轰烈烈的农民运动在集兵滩展开了。

当时，集兵滩有个大土豪叫罗季平，善于见风使舵，又工于心计，阴险毒辣，净干些欺压百姓、伤天害理的事情，因排行第八，人送外号"罗老八"。他仗着有两个兄弟在国民党里做官，对农民协会阳奉阴违。时值第一次国共合作期间，"罗老八"也摇身一变，当上国民党区党部委员，挂起了"革命"的招牌，表面上口口声声地说自己完全支持农民运动，背地里联络周围乡村的土豪劣绅一起对抗农民协会的减租减息运动。

陈芬、毛泽建了解到这一情况后，与中共衡阳县委负责人萧觉生、戴金吾等研究，认为必须要抓住“罗老八”这个挂羊头卖狗肉的假革命派的把柄，才能将其彻底斗翻。

没过多久，正好赶上“罗老八”过五十大寿。当天晚上，罗家张灯结彩，大摆寿宴，厅堂里“高朋”满座，热闹非凡，酒席上摆满了鸡鸭鱼肉、山珍海味。待酒过三巡、菜过五味后，乡绅们一个个喝得脸如猪肝般通红，仗着股酒劲，纷纷攻击农民运动。有的满腹悲伤，诉说着心里的“委屈”和“苦闷”；有的唉声叹气，说如今的世道变坏了，“泥腿子”都敢造反了，只说得老泪纵横；有的伤感世风日下，人心不古，竟呜呜咽咽，泣不成声……

“罗老八”见众人个个哭丧着脸，一副狼狈相，心里很是不痛快，于是站起身来，清了清嗓子，说道：“诸位，请静一静！在鄙人看来，农会不过是个乌合之众，兔子尾巴长不了的。试问，历朝历代，有哪一个‘泥腿子’造反能成气候？明朝末年，李自成率大军打下北京城，不也只坐了40来天的江山吗？太平天国那么大阵势，最后还不是照样一败涂地吗？前些日子，我那两位兄弟来信，说国民党里有不少人都在咒骂农民运动糟得很，就连共产党的总书记也在埋怨农会搞得过火呢！诸位切不可长了穷鬼们的志气，灭了咱们自己的威风……”

正当“罗老八”唾沫星子横飞，说得眉飞色舞、得意忘形之时，罗宅的两扇大门突然“咣”的一声被人推开了，毛泽建带领十几名农会纠察队员冲进厅堂里，径直来到“罗老八”面前，厉声喝道：“罗季平，你可知罪？”

刚才还在借酒撒疯、呜呜咽咽、咒骂农会的土豪劣绅们一个个面如死灰、呆若木鸡，厅堂里顿时鸦雀无声。

“罗老八”毕竟见过些世面，心知毛泽建他们来者不善，便连忙干笑了几声，皮笑肉不笑地问道：“毛女士，我罗某人一向拥护国民革命，拥护农民运动，何罪之有呢？”

“明知故问。”毛泽建冷笑一声，“‘罗老八’，你说的比唱的还好听，我们早就知道你对农民运动‘拥护’得很嘞！不过，口说无凭，有白纸黑字为据。”说罢从兜里掏出一副对联，展示开来。

“罗老八”一看对联，心里不由得大吃一惊，脸色霎时变得苍白，额头上冷汗直冒。

原来，这是“罗老八”亲笔书写的一副恶毒攻击农民运动的反动对联，上联是“农事翻身，稻粱粟麦黍稷杂种出现”；下联是“会场扩大，马牛羊鸡猪狗六畜成群”。

这副对联是他前两天才写的，写好后就藏在书柜里，准备等农会倒台那天，再拿出来悬挂在厅堂里，也好出一口被久久压在心里的闷气。不承想，他家的丫鬟接受了毛泽建宣传的革命道理，痛恨地主老财的剥削和压迫，就悄悄地把对联偷出来，主动交给了毛泽建。

“罗老八”一见势头不对，连忙把账房先生叫过来，拿出一串钥匙，双手递给毛泽建，点头哈腰地说：“毛女士，都怪老朽一时糊涂，还请你多多原谅。农会要谷要款都行，就作为我的谢罪礼吧！

这是库房的钥匙，交给农会，请你看在我那两位兄弟的面上，高抬贵手……”

没等他说完，毛泽建义正词严地说：“‘罗老八’，收起你这一套骗人的鬼把戏吧！你拒不减租，对抗国民革命，书写反动对联，仇恨农民协会，理应游街示众！”

话音刚落，十几名农会纠察队员趋步上前，把“罗老八”五花大绑起来，给他戴上高帽子，挂上黑木牌，连同那些喝寿酒的土豪劣绅们一起押着走出罗宅，边游街示众，边宣布他们的罪状。“罗老八”和土豪劣绅们一个个垂头丧气，抖若筛糠，围观群众无不拍掌叫好。

此后一连数日，罗家大门紧闭，“罗老八”躲在家里不敢出门，对毛泽建和农会真是又气又恨又怕。他冥思苦想，最终决定还是“三十六计走为上计”，先躲避一下风头再说。于是，“罗老八”吩咐手下人悄悄收拾好家里的贵重财物，准备连夜逃跑。

“罗老八”自以为这一手做得神不知鬼不觉，但没有想到陈芬、毛泽建他们早就有所防范，准备在半路上布置岗哨，将“罗老八”截获。

当“罗老八”领着一行挑夫匆匆走来时，早已在路边等候多时的农会纠察队员一拥而上，将“罗老八”等人捆绑起来，戴上高帽子，押到各村游街示众。

就这样，轰轰烈烈的农民运动使集兵滩的农民彻底翻了身，扬眉吐气，而平日里趾高气扬、骑在农民头上作威作福的土豪劣绅们，却像霜打的茄子，一个个都低头认罪。

支援北伐战争

1926 年 1 月，国民党第二次全国代表大会提出打倒帝国主义、打倒军阀，占领长江、黄河流域，统一全中国的纲领。6 月 5 日，国民党中央执行委员会临时全体会议通过迅速出师北伐案。7 月 1 日，国民政府军事委员会颁布北伐动员令。9 日，国民革命军在广州誓师，以国共合作为基础、旨在推翻帝国主义支持的北洋军阀统治的革命战争——北伐战争正式开始。

此前，湖南人民已掀起了讨吴（佩孚）驱赵（恒惕）运动。湖南省防军第四师师长唐生智在与两广取得联系后，起兵反赵，占领长沙、岳阳，就任代理省长。唐生智倾向革命，自然为吴佩孚所不容。4月，吴佩孚任命赵恒惕所部第三师师长叶开鑫为湘军总司令，指挥3个师另2个旅大举反攻长沙；同时，命令湘鄂边防军司令李倬章率4个师另3个旅增援叶开鑫。在吴军重兵压迫下，唐生智于5月初被迫放弃长沙，退守衡阳，同时急电向广州国民政府求援。

5月10日，国民政府决定出兵援唐，命令国民革命军第七军第七、第八旅先行入湘。21日，任命唐生智为国民革命军第八军军长、北伐前敌总指挥。3天后，又派遣国民革命军第四军第十、第十二师和叶挺独立团入湘援唐。

6月1日，第七、第八旅在衡阳西北金兰寺地区击退叶开鑫一部的进攻。次日，叶挺独立团进抵湖南安仁，在第八军第三十九团一部的配合下，于安仁北面的渌田、龙家湾地区击退直系军阀4个团的进攻。5 日，进占攸县。援唐之战大获全胜，稳定了湖南战局，打开了北进通道。随后，北伐军浩浩荡荡地开进了衡阳城。

这时，毛泽建根据中共湘南特委的指示也已从集兵滩回到衡阳县城。她立即组织青年学生到街头、工厂和城郊进行演讲，热情宣传北伐战争的大好形势和国民革命的重要意义，动员社会各界群众积极支援北伐军。

不久，毛泽建又担任衡阳县执委会妇女运动委员，负责妇女会和儿童团的工作，与担任国民党衡阳县妇女部长的夏明衡一起创办了衡阳妇女运动讲习所，发动妇女冲破禁锢妇女的封建族法族规，奔向解放之路。为了争取妇女在经济上的平等地位，使妇女获得工作的权利，毛泽建根据自己在长沙的经验，创办了妇女习艺所和妇女缝纫社。

其间，毛泽建还到衡阳县的神皇山、园山、堆子岭等地，开展农民运动，动员群众加入农民协会，很快就成长为拯救农民兄弟逃出苦海、谋求解放的农运女领袖。她在大道庙组织创办了神皇山乡农民协会，并在集兵滩观音堂开办了两期农民运动骨干训练班，共培训学员400余人，其中有20多人加入中国共产党，为在农村进一步开展农运工作和建立农民武装打下了良好的基础。

当地有一个叫钟云楼的大土豪，作恶多端又十分狡诈，人称“滚地龙”，对国民革命表面上支持、背地里却恶意攻击。陈芬、毛泽建决定要先拿钟云楼开刀，狠狠打击土豪劣绅的嚣张气焰，更好地鼓舞农民的革命斗志。

一天，陈芬和毛泽建来到钟家祠堂学校，向学生们历数钟云楼的罪行，宣传鼓动学生们一起去钟家，打掉钟云楼的威风，为受苦农民报仇申冤。在夫妻二人的带领下，全校学生纷纷涌向钟云楼家的晒谷场。

钟云楼闻讯，立即带着几个家丁匆匆赶来，对学生们大吼道：“你们这些毛伢子想干什么？是要造反吗？”

学生们群情激愤，一拥而上，把钟云楼团团包围起来。别看那几个凶神恶煞般的家丁平日里狗仗人势、欺压百姓，此时见到这种情景，早就吓得躲到一旁，不敢吱声。

在学生们一浪高过一浪的谴责声中，钟云楼的长衫被撕破了，帽子也被掀掉了，狼狈不堪。陈芬和毛泽建见时机已到，便带领学生们冲进钟家，抄没了钟云楼的部分浮财，分发给贫苦的农民群众，极大地鼓舞了当地农民的斗争热情。

在陈芬和毛泽建的领导下，衡阳县很快掀起了农运高潮，多地建立起农民协会。至 1926 年 6 月，衡阳县农民协会共有区农会 23 个、乡农会 244 个，会员达到 60 万人。同时还组织了农民自卫军，成立了女界联合会，开办了农民夜校，并在神皇山建立了党组织。

这年夏天，神皇山乡的反动地主罗清溪等人纠集地方武装，在一个连的反动军队配合下，准备袭击神皇山地区的农会。毛泽建和陈芬等迅即在钟家花园、罗家坪、白露坳等地发动群众，组织了数千人的农民自卫军，拿起土枪、鸟铳、大刀、梭镖、钉耙等简陋武器，同进犯之敌展开激烈的战斗。敌人见农民自卫军声势浩大，心生胆怯，不敢恋战，仓皇退回衡阳县城。

战斗胜利后，毛泽建等在神皇山地区召开党

员大会，总结斗争经验，布置了今后新的战斗任务。由于工作扎实、成绩突出，毛泽建获得省县农协党组织的褒奖。

1926 年 12 月，湖南省第一次工农代表大会在长沙召开。毛泽建组织领导的衡阳县最早的乡农会组织——神皇山乡农民协会，被授予“模范农会”光荣称号。中共衡阳县委召开隆重的庆祝大会，赠送给神皇山乡农民协会一块题有“模范农会”4 个大字的匾牌。

就在送匾牌的当天，毛泽建在神皇山地区召开了群众大会，批斗了当地最为反动的 12 个土豪劣绅，大涨了人民群众的革命士气。

创建农民武装

1927 年年初，随着北伐战争的胜利推进，国民革命军以摧枯拉朽之势横扫湖南、湖北、江西诸省，革命狂飙席卷长江以南的半个中国，进一步推动了工农运动的蓬勃发展，沉重打击了帝国主义和封建势力。

尤其是在北伐军进入湖南后，湖南农村掀起了一场迅猛异常的革命大风暴，攻击的矛头直指土豪劣绅、不法地主、贪官污吏等，一首民谣随之在衡阳地区广为流传。

金凤籽，
开红花，
一开开到穷人家；
穷人家，
要翻身，
世道才像话。

到 1927 年 1 月，湖南派往各县的农运工作人员达 203 人，农民协会会员从 40 万人剧增到 200 万人，能直接领导的群众则增加到 1000 万人，在湖南农民总人数中差不多有一半已经组织起来。凡有农会的地方，农民对土豪劣绅、不法地主展开了减租减息的经济斗争，并旁及各种封建宗法的思想和制度。许多地区的农会从政治上打击地主，给他们戴高帽子游乡，甚至枪毙罪大恶极之徒；在经济上打击地主，不准他们加租加押，不准退佃；还推翻了过去维护封建统治的都团机构，组建起自己的武装——纠察队和梭镖队；农民还禁烟禁赌，组织起来整修道路、修葺塘坝等。在不少乡村中，农会成为唯一的权力机关。

然而，革命势力的迅猛发展和蓬勃兴起的工农运动令帝国主义列强坐立不安。为了维护在华利益、阻挡中国革命前进的步伐，帝国主义列强纷纷增加在华驻军，一方面准备以武力扼杀中国革命，一方面又采取分化革命统一战线的新策略，加紧在国民党内物色新的代理人——时任国民革命军总司令的蒋介石，对其进行拉拢利诱。

此时，与地主豪绅有千丝万缕联系的国民党右派，包括北伐军中的一些军官也坐不住了。“农民在乡里造反，搅动了绅士们的酣梦。乡里消息传到城里来，城里的绅士立刻大哗。”他们攻击农民运动是“痞子运动”，不仅“破坏了社会秩序”，而且“扰乱了北伐后方”。一些中间分子也开始产生动摇，说农民运动已经“越轨”了，应该加以限制，防人利用。

为了解农民运动的真实情况，1927 年 1 月 4 日至 2 月 5 日，毛泽东身着蓝布长衫，脚穿草鞋，手拿雨伞，离开长沙，历时 32 天，行程 700 多公里，先后考察了湘潭、湘乡、衡山、醴陵、长沙等县的农民运动，撰写了著名的《湖南农民运动考察报告》。这篇两万多字的报告先后在中共湖南区委机关报《战士》周刊和《向导》周刊上刊登了部分章节，后以《湖南农民革命（一）》为书名，由长江书店印发出版。毛泽东也由此获得“农民运动的王”的赞誉。

而就在这次考察出发前，毛泽东见到了毛泽建。原来，毛泽建作为衡阳代表，来到长沙参加湖南省第一次妇女代表大会。兄妹两人已有一年多未曾见面，因此见面后就好像有说不完的话。

看到这个昔日文静柔弱的菊妹子如今经过革命大潮的锻炼，已成长为一名杰出的农运女领袖，毛泽东感到十分欣慰。

交谈中，毛泽东对社会上出现的对农民运动

的种种攻击深感忧虑，指出农民运动不是“痞子运动”，不是“糟得很”，而是“好得很”。因为“国民革命需要一个大的农村变动，辛亥革命没有这个变动，所以失败了。现在有了这个变动，乃是革命完成的重要因素”。在革命时期农民的一些所谓“过分”举动，正是革命的需要，因此凡革命党人都要极端重视农民斗争，支持农民的革命举动。

同时，毛泽东对镇压农民运动的反革命行径感到无比气愤，郑重地对毛泽建说：“农民协会一定要有自己的梭镖和枪杆子！要敢于推翻地主武装，建立农民武装。”

毛泽建听了毛泽东关于指导湖南农民运动工作方向的观点后，深受启发：三哥讲得有道理，只有把农民武装扩大，紧紧握住梭镖、枪杆子，才是唯一的出路。

返回衡阳后，毛泽建借鉴毛泽东在广州举办全国农民运动讲习所的经验，在集兵镇钟家花园开办农民运动骨干训练班，加强学员对革命理论、军事、文化等方面知识的学习，并亲自授课，为深入开展农民运动积蓄了一大批革命骨干力量，进一步把衡阳地区的农民运动推向了高潮。

此时，蒋介石集团仇视、压迫共产党和工农革命力量的反革命面目日益公开化。

3月6日，在蒋介石的授意下，国民革命军驻江西的新编第一师诱杀赣州总工会委员长、江西省总工会副委员长、共产党员陈赞贤，制造了“赣州惨案”。同日，蒋介石以赴前线督师为名，乘军舰离开南昌奔赴上海。一路上，他指使青帮流氓暴徒破坏当地拥护孙中山三大政策的国民党党部和工会、农会组织，杀害革命群众，制造白色恐怖。

4月12日，蒋介石背叛孙中山先生的“联俄、联共、扶助农工”三大政策，在上海发动了“四一二”反革命政变，率先向曾并肩战斗的共产党人举起了屠刀。短短3天内，上海工人300多人被杀，500多人被捕，5000多人失踪，大上海变成了阴森恐怖的人间地狱。18日，蒋介石在南京宣布另立国民党中央，成立所谓的国民政府，从而形成了宁汉两个政权对峙的局面。

就在蒋介石发动“四一二”反革命政变前后，江苏、浙江、安徽、福建、广东、广西等地，也相继以“清党”为名，大肆捕杀共产党员和革命群众，掀起血雨腥风。

毛泽东已经预感到风云将要突变，一场劫难很快就要来临。但由于当时以陈独秀为首的中共中央犯了右倾机会主义错误，毛泽东关于建立发展革命武装的正确主张不仅没有得到认可，反而在中国共产党第五次全国代表大会上受到了排挤。

在无比的郁闷与惆怅中，毛泽东徘徊在黄鹤楼前，面对烟波浩渺、奔流不息的滚滚长江水，感慨万千，情不自禁地吟道：“茫茫九派流中国，沉沉一线穿南北。烟雨莽苍苍，龟蛇锁大江。黄鹤知何去？剩有游人处。把酒酹滔滔，心潮逐浪高！”

后来，毛泽东曾解释过他当时写这首《菩萨蛮·黄鹤楼》中说到的“心潮”：“一九二七年，大革命失败的前夕，心情苍凉，一时不知如何是好。这是那年的春季。”

有道是：山雨欲来风满楼。果然不出毛泽东所料，革命形势急转直下。

5 月 21 日，国民革命军第 35 军第 33 团团长许克祥在长沙发动反革命叛乱，收缴工人纠察队枪械，捕杀共产党员和革命群众100多人，史称“马日事变”。

5月底6月初，国民革命军第五方面军总指挥、江西省政府主席朱培德转向反动，以所谓“礼送出境”的名义，把共产党员和国民党左派逐出江西，并禁止工农运动。

7月15日，汪精卫召开国民党中央常务委员会扩大会议，通过《分共决议案》，以“分共”的名义，正式同共产党决裂。随后大规模封闭工会、农会，大肆逮捕屠杀共产党员和工农群众，竟出现“宁可枉杀千人，不可使一人漏网”的疯狂血腥口号。数日之内，武汉被杀者即达千人，街头尸首遍布，路面血流成河。

一时间，白色恐怖笼罩着神州大地，腥风血雨之中到处风声鹤唳，以国共合作为基础的轰轰烈烈的大革命就此失败。中国共产党被迫由地上转入地下。

长沙发生马日事变后，湖南省农民运动讲习所的周奇连夜赶回衡阳，向中共湘南特委书记陈佑魁报告了这一情况。陈佑魁立即在衡阳总工会召开中共湘南地方执委紧急会议。会上，中共衡阳县委负责人屈淼澄提议，将农民自卫队、工人纠察队、巡逻总队带出衡阳，但因陈佑魁认为“无上级指示”而作罢。会议最后决定从城内撤退，努力扩大巩固农村阵地，化整为零，向农村隐蔽。

这时，衡阳的国民党右派也紧步许克祥后尘，由县长徐方济出面，劝说共产党员放弃阶级斗争，停止工农运动，遭到罗子平等中共党员的痛斥。随后，驻衡湘军第三团团长俞业裕宣布成立衡阳警备司令部，并自封为警备司令。同时成立所谓“戒严司令部”，还假意宣布罗子平、陈佑魁等人为“部长”“委员”，妄图先进行拉拢再加以控制，但遭到拒绝。

面对日益严峻的形势，中共湘南特委和中共衡阳县委在城郊大黎坑召开紧急会议，各区农民协会都派人参加。会上决定各乡农民协会和党组织紧急转移，分散隐蔽。陈佑魁随后又召开各界群众大会，向各界人士阐明时局真相，揭露反革命的罪行，并决心将革命进行到底。

5月27日凌晨，俞业裕、徐方济和反动士绅廖隽山等按照事先预谋，强行解散了农民自卫总队，破坏和封闭了县农民协会、总工会、农民运动讲习所、职工运动讲习所、蒸湘中学等革命学校和革命团体，并大肆搜捕、屠杀共产党员以及工会、农会干部和革命群众。中共莲湖书记曾克家等一批共产党人和革命群众惨遭杀害，白色恐怖霎时笼罩着衡阳城乡。因27日的电报代日韵目为“沁”字，故史称“沁日事变”。

革命形势的逆转突如其来，而且来得如此之快，许多共产党员根本没有思想准备。到处在搜捕，到处在屠杀。党内思想相当混乱，在大革命时期已经习惯于公开或半公开活动的各级党组织一时难以适应这种剧变的局势，不知道下一步到底该怎么办。

面对被敌人残害的革命同志，毛泽建心如刀绞，悲愤交加。危急关头，她想起了半年前毛泽东对自己讲的话。

“还是三哥说得对，一定要有自己的梭镖和枪杆子，要建立农民武装，和反动派斗争到底。”

毛泽建从大革命失败的惨痛教训中认识到掌

握革命武装的重要性：进行革命战争，夺取政权，就“必须要创造新的革命军队”。她在衡阳县妙溪周家祠堂召开紧急会议，根据中共湖南省委的指示，决定扩编、训练农民自卫军，在妙溪、麻町一带大力发展壮大农民革命武装力量，用革命武装反抗反革命武装。

6月，毛泽建同屈淼澄、萧觉生等人，带领幸存的共产党员和革命群众，拿起梭镖、大刀、鸟铳、土枪和土炮，钻入深山密林，在岣嵝岭、神皇山一带开展武装斗争。

在毛泽建等人的率领下，衡阳县的农民革命武装不断发展壮大，巧妙打击敌人，多次粉碎了“挨户团”的“清乡”和“进剿”，使衡阳城里的反动派一时大为震惊，却又无可奈何。

远近闻名的女游击队长

湘南是大革命时期农民运动蓬勃发展的地区

之一，中国共产党的组织和群众基础较好。大革命失败后，湘南地区各县党组织也遭到严重破坏，大批共产党员和革命群众惨遭国民党反动派杀害。

但革命的火种并没有在湘南地区熄灭。1927年6月，中共湘南特委在陈佑魁的领导下，召开紧急会议，决定在国民党白色恐怖下继续坚持斗争，发动群众、组织工农、准备武装起义，并派陈芬、夏明震、向大复、邓宗海等人分赴衡山、耒阳、永兴、郴县诸地恢复中共县委，领导当地工农群众开展武装斗争。

在中国共产党领导和发动的南昌起义、湘赣边界秋收起义的鼓舞下，中共湘南特委根据中央八七会议制定的关于实行土地革命和武装反抗国民党反动派的总方针以及中共湖南省委的指示精神，于10月25日在郴县、桂阳交界的东华山召开郴县、永兴、桂阳、耒阳、宜章等县军事干部会议，讨论湘南斗争形势，决定在各县成立游击大队，在农村中建立暴动队、赤卫队，举行农民暴动，与国民党反动派进行坚决的武装斗争。

根据上级党组织有关武装斗争的指示，毛泽

建与萧觉生、戴金吾、屈淼澄等人带着各地集合起来的农民武装来到妙溪山，组建了衡北游击师，并开创了一块以妙溪山为中心的游击根据地。毛泽建担任党代表（后担任队长），队伍很快就发展到几千人之众。

在严酷的战斗中，毛泽建和衡北游击师逐渐积累着游击战争的经验，日益成熟起来，不断发展壮大。毛泽建也很快由农运女领袖成长为优秀的游击队指挥员。有时她乔装打扮成珠光宝气的贵妇人，有时又假扮成朴实无华的农家妇女，穿梭来往于城镇与乡村之间，刺探敌情，部署工作，打击敌人。

衡北游击师在毛泽建等人的指挥下，神出鬼没，连战连捷，把敌人搅得寝食难安。一天晚上，毛泽建带领 20 多名游击战士，乘夜暗摸到团防局，不费一枪一弹就缴了正在熟睡的团丁们的械，并处决了周德翠、周凤鸣两个罪大恶极的反动分子，然后迅速返回到游击区。毛泽建考虑到敌人不会善罢甘休，肯定要前来实施报复，于是就带领游击战士在进山的必经之路上做好埋伏，准备打敌人一个伏击。

果然不出毛泽建所料，第二天，当地“挨户团”全部出动，气势汹汹地前往山里进行“围剿”。所谓的“挨户团”，是在第一次国内革命战争时期出现的一种农村武装组织，用以保境安民，又称“挨户常备队”。因几乎挨家挨户都要派丁参加，故称为“挨户”。大革命失败后，许多地方的“挨户团”便被反动地主及统治阶层掌握和利用，由维护地方治安变成了镇压农民运动的反革命武装组织。结果“挨户团”中了衡北游击师的埋伏，还没等进山就被炸弹、滚石炸死滚伤了大半，狼狈而逃。

衡阳县集兵区团防局长钟亚阶率领“清乡队”几次上山“剿匪”，每每都被衡北游击师打得丢盔卸甲，损兵折将。但钟亚阶贼心不死，又向县里借了一个连的兵力，决心再次“围剿”衡北游击师，并发誓要活捉毛泽建、萧觉生、戴金吾等“共匪”头目。

面对严峻的敌情，毛泽建与游击师的其他领导人冷静地分析了当前形势，认为在敌强我弱的情况下，为了求得自身的生存和发展，绝对不能与强敌死打硬拼，必须要智取，采取诱敌深入之计，充分利用有利地形，巧妙打击敌人，积小胜为大胜。

如何引诱敌人上钩呢？毛泽建想起了小说《三国演义》里“蒋干盗书”的故事，便给大家娓娓道来：

三国赤壁大战前夕，曹操亲率百万大军，驻扎在长江北岸意欲横渡长江直下东吴。东吴都督周瑜也带兵与曹军隔江对峙，双方剑拔弩张，准备大战一场。曹操手下有个谋士叫蒋干（字子翼），自幼和周瑜同窗读书，便向曹操毛遂自荐，要过江到东吴去做说客，劝降周瑜，免得大动干戈。曹操闻之大喜，亲自置酒为蒋干送行。

这天，周瑜正在帐中议事，部下传报“故人蒋干相访”。周瑜猜出蒋干来意，眉头一皱，计上心来，连忙吩咐众将依计而行，随后带着众人亲出帐门迎接。二人相见，寒暄一番，周瑜挽着蒋干的手臂同入大帐，设盛宴款待蒋干，并请文武官员都来作陪，开怀畅饮，直喝得酩酊大醉。

宴罢，蒋干扶着周瑜回到帐中，周瑜说道：“很久没和子翼兄共寝，今夜要同榻而眠。”说着便昏昏睡去。蒋干见周瑜鼾声如雷，悄悄摸到桌前，拿起一叠文书偷看起来。忽见里面有封书信，打开一看竟是曹操的水军都督蔡瑁、张允写给周瑜的降书。蒋干大吃一惊，慌忙把信藏在衣内。这时只听周瑜梦中呓语：“子翼，我数日之内，定叫你看曹操首级！”蒋干口中含糊答应着，匆匆睡下。

次日清晨，有人入帐叫醒周瑜，说道：“江北有人来……”周瑜急忙制止，蒋干只装熟睡。周瑜和那人轻轻走出帐外，又听那人低声说道：“蔡瑁、张允说，现在还不能下手……”声音越来越低。不一会儿，周瑜回来躺下睡了。蒋干怕惊动周瑜，等周瑜睡熟，偷偷地爬起来，径直走出军营来到江边，寻着小船，飞一般驰过长江，回见曹操。

其实，这一切都是周瑜定下的反间计。他知道曹军中只有蔡瑁、张允二将精通水战，便设下此计，想借曹操之手杀掉这二人。曹操果真上当，斩杀了蔡瑁、张允。

听完“蒋干盗书”的故事后，大家都说好，研究决定利用钟亚阶派到游击师活动地妙溪山一带侦察的“狗腿子”，骗其带回错误的情报，诱敌上当。

这天晚上，钟亚阶得到了一个“重要情报”：毛泽建和萧觉生、戴金吾等“共匪”头目带领衡北游击师正在炼丹极的松树林里煮饭吃。钟亚阶一听，高兴极了，急忙集合“清乡队”，与从县里借来的那个连一起出发，准备进行突然袭击，打游击师一个措手不及。

漆黑的夜幕中，敌人的大部队沿着崎岖的山路向炼丹极进发。士兵们边磕磕绊绊地走着，边小声地叫骂着：当官的真不是东西，都这么晚了，也不让人睡觉，还要去剿“共匪”！

快走到炼丹极时，果然望见前方松树林里闪现着一堆火光，还隐隐约约传来碗碰碗的响声。敌连长忙命令士兵卧倒，集中火力向火光处猛烈射击。

乒乒乓乓地一阵枪响后，只见那火堆已经化作数十支熊熊的火把，在松树林里一闪一闪地乱窜。

敌连长举起手枪，对趴在地上的士兵大喝一声：“弟兄们，给我上！”

旁边的钟亚阶连忙阻止道：“且慢，毛泽建等诡计多端，要是有埋伏，那可就上当啦。松树林后边是炼丹极，地形险要，没有退路可走，咱们还是先集中火力猛射一阵，然后再兵分两路，包抄过去，来个瓮中捉鳖。”

敌连长一听言之有理，于是命令道：“给我狠狠地打！”

顿时，机枪和步枪响个不停。又打了好一阵子，松树林里的火光全都被打灭了，而敌人的子弹也消耗得差不多了。

钟亚阶好不欢喜，心想这下子游击师的人都去见阎王了。他同敌连长带领士兵跑进松树林里一看，顿时傻了眼：松树林里空荡荡的，只有满地的柴火灰，哪里有游击队员呀?

原来，毛泽建和萧觉生等人先在松树林里布下了疑兵阵，故意烧起一堆篝火，并让游击师的战士们发出碗碰碗的声音，制造正在吃饭的假象，然

后把灌满煤油的楠竹筒点燃挂在树枝上，所有人都撤到炼丹极的悬崖下埋伏起来。

见此情景，钟亚阶带着哭腔大叫一声："哎呀呀，又上当了。"掉转头猛跑。

但为时已晚。游击师的战士们早已从两侧冲杀上来，"叭！叭！叭！"一阵猛烈的射击，把这股敌人打得尸横遍地，四散奔逃。钟亚阶被当场击毙，敌连长也被当场活捉。

自此，毛泽建声名大振，成为湘南地区远近闻名的女游击队长，令敌人一个个闻风丧胆，谈之色变。

04 坚持游击战争

夫妻智勇脱险

1927 年下半年，受中共湘南特委派遣，毛泽建调离衡阳县，与丈夫陈芬一道前往衡山县恢复党组织，领导开展武装斗争。

原来，在马日事变后，衡山地区的中共党组织遭受到严重破坏，原有的 52 个党支部、11 个共青团支部以及群众组织大都停止了活动。中共衡山县委机关也被迫由戴家台转移到宋桥世上冲，坚持开展地下活动。陈芬与毛泽建悄悄来到世上冲，住在地下党员宾利用家里。为了便于开展工作，他们分别使用林青、毛达湘的化名。

宾利用，又名珍显，别号良玉，衡山县宋桥

人。1895 年出生，毕业于衡山简易师范学校，后在宋桥章堂小学教书。

1927 年 1 月，毛泽东到衡山考察农民运动期间，就借宿在宾利用家中。宾利用参加毛泽东组织召开的各种调查会并担任记录，在与毛泽东的接触中深受启迪、教育，思想进步很快，加入了中国共产党。不久即被党组织派到衡阳工作。5 月下旬，因衡山地区党组织遭受严重破坏，宾利用又被上级调回衡山老家，于 6 月代理中共衡山地区执委工作。

经过半个月的秘密走访，陈芬、毛泽建与部分中共地下党员取得了联系，随后在南岳主持召开了全县临时党的代表大会。按照中共湘南特委的指示，改组、重建了中共衡山县委，陈芬担任县委书记兼军委书记，宾利用担任县委组织部部长，毛泽建担任县委秘书兼妇女运动委员。同时决定迅速恢复各地党的组织，创建游击队，开展武装斗争。

随着衡山工农革命武装队伍的发展壮大，1927 年 11 月，衡山游击队宣告成立，陈芬任党代表，毛泽建任队长，在衡山地区又开展起了轰轰烈烈的游击斗争。

陈芬、毛泽建带领游击队四处活动，张贴布告，散发传单，发布勒令，夺取团防局的枪支，破坏敌人的通信设备，严惩反攻倒算的土豪劣绅和“挨户团”等反动武装，有力地打击了当地反动势力的嚣张气焰，极大地鼓舞了革命群众的斗志。

有一次，毛泽建派一名游击队员化装潜入衡山县城，乘夜暗向国民党县衙后院投掷了一枚炸弹。虽说炸弹本身的威力并不大，可造成的心理影响却很大，令县衙官员们个个惊慌失措，寝食难安。

在给反动分子送“警告信”时，毛泽建在信末落款后总是要画上一把利剑。陈芬不解，问她为何如此？

毛泽建回答：“建和剑字同音，泽建就是泽剑，我喜欢利剑，因为它锋利无比，所向披靡，让敌人心惊胆战，望而生畏！”

衡山县有个叫宾海溶的大地主，平日里横行乡里、欺压百姓、手段毒辣。中共衡山县委侦悉国民党反动当局已委任他出任海字区团防局长，而宾海溶也正兴冲冲地准备赴任。

于是，毛泽建和陈芬商议后，给宾海溶写了封措辞严厉的“警告信”：“欣闻你被新任命为海字团防局长，记住：如若前往上任，小心脑袋搬家……”并盖上刻有“中国工农革命军第十师司令部之印”的四方大印，连夜派人悄悄地丢进了宾海溶的宅院里。

第二天，宾海溶在院子里拾到了这封信。拆开一看，只吓得脸都变了颜色，全身发抖，说不出话来。此后数日，宾海溶连大门都不敢出，哪里还敢去上任。

这天，毛泽建再次秘密潜入衡山县城，隐蔽在一名地下交通员的家里。刚吃过早饭，交通员递给她张小字条，打开一看，只见上面是熟悉的笔体，只有短短的一行字：

菊妹：

我在南街酱铺候你，速来。

你的芬哥即刻

毛泽建看完后即烧掉了字条，然后将自己精心打扮成一位端庄大方的阔小姐，撑了把洋伞，神闲气定地走到大街上。在走到南街的酱铺店门口时，一位头戴礼帽、身着长衫的阔少爷模样的人迎上前来，问道："小姐，请问你找谁？"

毛泽建抬头一望，原来正是心爱的丈夫陈芬。她强忍住内心的激动，佯装不识，平静地说："我找张老板，他在家吗？"

"鄙人就是。"

"啊，原来你就是张先生，家父托我来找你。"毛泽建故意做出喜出望外的表情。

这时，街对面突然走过来两个"算命先生"，鬼鬼祟祟的模样，眼睛贼溜溜地直朝这边瞅。

"小心后面有狗！"毛泽建机警地提醒着陈芬，然后挽起他的手臂转身就走，但后面的两个人紧紧地尾追不舍。

就在此时，街口出现了数名荷枪实弹的军警，毛泽建并不慌乱，拉着陈芬快步朝路边一处大户人家走去。

"这是谁家？走错了吧。"陈芬充满疑惑地悄声问毛泽建。

“顾不上那么多了，快跟我来！”毛泽建边说边推开朱漆大门，径直走了进去。

一个胖墩墩的矮妇人闻声从屋里走出来，正欲开口质问，毛泽建早已掏出手枪，顶在她的胸口上，小声喝令：“不许喊叫！”

矮胖妇女顿时吓得魂飞魄散，望着毛泽建讷讷地说：“啊！原来是你……毛达湘女士！”

“我同这位先生暂时借你家避一避，若有人查问，你只许讲屋里有女人生孩子，如若出了差错，我们同归于尽！”

矮胖妇人连连点头称是，示意毛泽建和陈芬赶快躲进里屋藏起来。

果然过了不一会儿工夫，有一队敌人前来搜查。矮胖妇女连忙走出屋门阻拦，对为首的人说：“哎呀，原来是朱队长呀，我儿媳妇正在生孩子，里屋去不得哟！”

屋外的敌人似乎与这个矮胖女人很熟悉，问了几句无关痛痒的话后，就带队离开了。

矮胖妇人这才用手抹去额角上渗出的冷

汗，转身跑进里屋，催促毛泽建和陈芬赶快从后门走。

就这样，夫妻二人安全返回交通员家里。陈芬笑着问道："好险，你认识那个矮胖妇人吗？"

毛泽建双眉一挑，轻蔑地说道："哼，不但认得，还打过多次交道呢！"

原来，这个矮胖妇人正是衡山县新任"挨户团"团总周金的老婆。前不久，毛泽建带领几名地下党员到周金家里为党组织和游击队筹款子。不巧的是，周金不在家，他老婆也就是那个矮胖妇人还挺顽固，死活也不肯拿钱。

毛泽建一下子火了，拔出随身携带的一把短剑朝她眼前一晃，吓得她忙不迭地端出一盘银圆。从那以后，凡是游击队、地下党需要经费时，只要毛泽建在纸上画一把剑送去，周金就老老实实地送来钱。

陈芬听了毛泽建绘声绘色的叙述后，连声称赞道："菊妹，你真是个智勇双全的奇女子！"

再返耒阳城

从 1927 年 11 月开始，湖南省南部地区的郴县、耒阳、永兴、桂阳、资兴、衡阳、宜章等相继举行武装起义，建立了农民武装，为发动统一指挥的大规模湘南起义创造了有利条件。

1928 年 1 月上旬，朱德、陈毅率领南昌起义军余部约 800 人从粤北地区转进湘南宜章县境，并同当地共产党组织取得了联系，一致决定趁国民党李（宗仁）唐（生智）战争爆发，湘南敌人兵力薄弱之机向湘南地区发展，夺取宜章城，发动武装起义。

1 月 12 日，南昌起义军余部利用曾在国民革命军第六军当过营长的胡少海的关系，智取宜章县城，逮捕了国民党县政府官吏和豪绅，解除了团防局和警察局的武装，发动群众，开仓济贫，并打开监狱，解救出被关押的共产党人和人民群众，从而揭开了湘南起义的序幕。

在宜章城，南昌起义军余部改编为工农革命军第1师，朱德任师长，陈毅任党代表。接着，工农革命军第1师重创前来反扑的国民党军独立第三师，成立宜章县苏维埃政府，开展打土豪斗争。人民群众踊跃报名参加工农革命军和农军，革命武装迅速扩大。

2月3日，为支援郴县、永兴、耒阳等县的农民武装起义，朱德、陈毅率工农革命军第1师挥戈北上，于4日晚进占郴县。7日，郴县苏维埃政府宣告成立，同时以郴县赤色游击队为基础，成立工农革命军独立第7师，邓允斌任师长、夏明震任党代表。随后，郴县的11个区、3个特区、137个乡都相继建立了苏维埃政府和农民赤卫队。

10日，工农革命军第一师主力在朱德等率领下离开郴县，进军耒阳，于16日进抵灶市。耒阳守军慌忙撤逃至衡阳，城内只留下团防队驻守。朱德与中共耒阳县委决定立即攻城，一举消灭团防队，夺占耒阳城。19日，耒阳县苏维埃政府成立，刘泰任主席。随后，耒阳农军改编为工农革命军第

4 师，邝鄘任师长、邓宗海任党代表，并在全县 37 个区、325 个乡相继建立了苏维埃政府。

工农革命军作战的节节胜利和各县乡苏维埃政府的相继建立，有力地振奋了湘南人民的斗志。在朱德、陈毅和中共湘南特委的共同领导下，湘南起义迅速掀起高潮，安仁、茶陵、酃县（今炎陵）、桂东、汝城、临武、嘉禾、桂阳、常宁、衡阳等县大部地区的农民也纷纷起义，呈现出“红旗漫卷南天乱，湘南这边红一遍”的新局面。

湘南起义的胜利，给当地国民党统治势力以沉重的打击和极大的震动。国民党军开始调集重兵向湘南地区实施疯狂反扑。与此同时，白色恐怖也笼罩着靠近湘南地区的衡山县城。

原来，中共衡山县委于 1927 年 11 月在九泉山召开党员代表大会。会议按照中央八七会议精神，决定将衡山地区的工农革命武装队伍组织起来，改编为中国工农革命军第 10 师，由陈芬任党代表、毛泽建任总指挥，并计划在 1928 年春节前夕举行年关暴动。

这时，陈芬、毛泽建选派得力人员打入土匪

邓青山部，宣传革命思想，争取邓青山的支持，随后在护湘关攻打国民党军反动武装的战斗中大获全胜。12月，陈芬、毛泽建率领新组建的工农革命军第10师夜闯虎穴，一举攻破湘衡边界的大土豪李悟生的老巢，开仓放粮，救济贫苦百姓，同时张贴标语口号，开展宣传工作，组织发动群众。工农革命军第10师还联合衡阳、湘潭等地的游击队主动出击，一时间威震四方，令敌人闻风丧胆。

1928年2月，根据中共湘南特委的指示，陈芬、毛泽建等人率领工农革命军第10师和游击队发动了南岳暴动，攻入南岳镇，在司马桥与敌人展开激烈战斗。革命群众在当地党组织的领导下也云集南岳镇，配合工农革命军第10师和游击队，一举摧毁了南岳团防局，缴获了敌人的一批武器装备。

当天下午，反动武装又纠集了100多人准备进攻南岳镇，向工农革命军第10师和游击队实施反扑，形势万分危急。毛泽建立即召开会议研究对策，在分析完敌情后，胸有成竹地说：“敌人要来反扑，我们可以巧妙伏击，瓮中捉鳖，全歼敌人。”

根据战前制定的作战方案，毛泽建率领部队在敌人进攻的必经之路上提前设下埋伏。当敌人进入伏击圈后，毛泽建立即高喊："同志们，冲啊！"战士们闻令而动，发起突然而又猛烈的进攻，把敌人打得措手不及，四处溃逃。

然而不久形势急转直下，由于邓青山和彭瓒相继叛变革命，致使岳北、南岳、油麻田等地的党组织再次遭到敌人的严重破坏，衡山年关暴动也流产了。根据叛徒的告密，敌人开始四处搜捕、悬赏捉拿陈芬、毛泽建夫妇。幸亏在革命群众的保护下，陈芬、毛泽建一次又一次逃过劫难，安全转移。

一天，外出做木工的宾利用发现，有几个形迹可疑的家伙正在附近鬼鬼祟祟的，好像是在找什么人。他心知情况不妙，立即绕道返回家里，通知陈芬、毛泽建二人马上转移。

果然不一会儿，敌人就闯进了宾利用的家里，到处搜查，结果一无所获，遂将宾利用抓走，逼他交代陈芬、毛泽建的下落。宾利用一口咬定自己不知道陈芬、毛泽建是共产党，也不晓得他们的去处。由于敌人没有找到真凭实据，只好将宾利用释放。

上级党组织考虑到毛泽建和陈芬的身份已经暴露，便要他们迅速转移，以躲避敌人的抓捕。在获知朱德、陈毅率领工农革命军已攻占耒阳县城的消息后，毛泽建和陈芬十分高兴，立即动身，冲破重重封锁，来到耒阳，协助工农革命军开展工作。陈芬担任耒阳、郴县、永兴三县特派员，继续从事农民运动和组织武装斗争。毛泽建担任耒阳县妇女运动委员和女界联合会负责人，在石滩、新市、东湖、夏塘、遥田一带乡村发动群众，领导开展土地革命，并组织建立游击队。

当时，毛泽建已经怀孕好几个月了。艰苦的生活和长期夜以继日的忘我工作，使她的身体日渐虚弱，两颊乌青，眼睛深深地陷了进去。同志们不忍心看她这样，纷纷劝说毛泽建要保重身体，还是到更为安全的地方去休养一段时间，可都被她婉言谢绝，继续与战友们一起并肩战斗。

3 月 16 日至 20 日，中共湘南特委在永兴县太平寺召开湘南工农兵代表大会，选举朱德、陈毅、陈佑魁、何长工等 21 人为执行委员，组成湘南工农兵苏维埃政府，陈佑魁任主席。会后，湘南各县开展了轰轰烈烈的插标分田运动。仅宜章、郴县、耒阳、桂阳、资兴、汝城、桂东，共插标分田69万多亩，约占总田地面积的1/5。这也是中国共产党最早的土地革命实践，为以后党领导各根据地开展土地革命提供了宝贵的经验。

此时，宁汉战争结束，唐生智余部通电表示接受国民党南京政府的收编，使他们有机会腾出手来，集中更多力量来对付湘南的农民运动。为了扑灭这场武装起义的熊熊烈火，湘、粤两省军阀根据南京政府的命令纠集了7个师的兵力，从湖南衡阳和广东乐昌两个方向实施南北夹击，气势汹汹地扑向湘南。

在敌军重兵步步逼近的危急关头，朱德认为：形势日益严峻，敌我力量过于悬殊，若不迅速转移，工农革命军必将遭到一次灭绝式的大杀戮，湘南的革命力量也必将毁于一旦。为了避敌锋芒，保存革命力量，朱德准备率工农革命军和湘南农军撤出湘南地区，向井冈山革命根据地转移，与毛泽东率领的湘赣边界秋收起义部队会合。

兄妹重逢

当湘、粤国民党军大举向湘南逼近时，毛泽东决定兵分两路去迎接朱德、陈毅部上井冈山：一路由他和何挺颖、张子清率领工农革命军第 1 师第 1 团 1000 余人，从江西宁冈（今属井冈山市）的砻市出发，楔入湘南的桂东、汝城之间；另一路由何长工、袁文才、王佐率领第二团从井冈山大井出发，向资兴、郴州方向前进。

同时，毛泽东还派已担任中共遂川县委委员、县工农兵政府委员、县游击大队党代表的毛泽覃，率领一个特务连，前往湘南地区同朱德、陈毅领导的部队取得联系。

让毛泽覃没有想到的是，在耒阳城里他和久别的毛泽建意外地相见了。兄妹二人此时意外重逢真是格外亲切，问长问短，好像有说不完的话。

毛泽覃抑制不住兴奋地向毛泽建讲起井冈山

革命根据地和三哥毛泽东的情况：

井冈山，地处湘赣边界罗霄山脉中段，介于江西永新、宁冈、遂川县和湖南酃县之交，总面积约4000平方公里。这一地区崇山峻岭，地势险要，山高林密，只有几条狭窄的小路通往山内，进可攻、退可守，国民党统治力量薄弱，而且在大革命时期建立过共产党的组织和农民协会，并有一支由共产党员袁文才和旧式农民武装首领王佐领导的农民自卫军，群众基础比较好，是个打游击的好地方。

1927年9月9日，长沙的铁路工人和部分农民开始分头破坏长沙至岳阳和长沙至株洲段的铁路，毛泽东领导的湘赣边界秋收起义正式打响。但很快，兵分三路的起义部队均遭到严重挫折。

危急关头，毛泽东从斗争实际出发，力排众议，主动放弃攻打中心城市的原定计划，决定迅速脱离容易遭受国民党军围攻的平江、浏阳地区，带领部队沿罗霄山脉向南转移，到敌人统治力量薄弱的农村山区保存革命力量，再图发展。

在对起义部队进行了“三湾改编”后，10月3

日，毛泽东率领工农革命军第一军第一师第一团，到达井冈山北麓的宁冈县古城。7 日进抵茅坪，随即经湖南酃县水口镇转至江西遂川县境，于 27 日到达茨坪。革命军在周围各县恢复和建立党组织，发动群众打土豪分田地，收编了袁文才、王佐领导的农民自卫军，将其改编为工农革命军第二团。

至 1928 年年初，在打破江西国民党军第一次“进剿”后，工农革命军占领宁冈全境、遂川北部和永新、酃县、茶陵各一部，中国共产党领导下的第一个农村革命根据地——井冈山革命根据地初步建立，并由此开始探索走一条以乡村为中心、实行工农武装割据的道路。

听完了毛泽覃的介绍，毛泽建恨不得插上翅膀，马上跟随队伍上井冈山，向三哥汇报自己思想和工作的情况。

可毛泽覃告诉她：“现在井冈山天天要打仗，三哥要领导党、军队和地方政权建设的工作，很辛苦，很艰险。你们留下来打游击，就是配合井冈山斗争，保卫井冈山呀！”

见毛泽建有些不高兴，毛泽覃连忙安慰道：“三哥常讲，人要有屁股，才有机会坐下来休息，不会因疲劳而倒下。井冈山就是工农革命军的屁股。我们不但要在井冈山扎营，而且要长期占据下去。迟早有一天，你会见到三哥。我们又会战斗在一起的。”

“好的，咱们一言为定。”毛泽建坚定地点点头，开心地笑了。

妙计除敌酋

1928 年 3 月 29 日，工农革命军和湘南农军在耒阳鳌山庙整装待发。

朱德在指挥部门前的大坪上亲自作动员：“这次进入湖南取得了很大胜利，广大农民已组织起来了。各县都有了自己的工农武装，贪官污吏、土豪劣绅威风扫地，广大农民扬眉吐气，但是，国民党反动派不甘心他们的失败，他们还要卷土重来，我们要百倍警惕，要选择更有利的地点、时间消灭更多的敌人，革命道路是漫长曲折的，同志们要树立不怕苦、不怕死，敢于斗争、敢于胜利的精神。我今年已经42岁了，你们还年轻，我都不怕，你们更要不怕苦，要将革命进行到底。”

陈芬、毛泽建夫妇也站在欢送的队伍中，两人被朱德的讲话深深地感染着，与群众一起热烈鼓掌，并带头高呼革命口号。根据党组织的事先安排，陈芬、毛泽建继续留在耒阳，负责组建游击队，分别担任游击队党代表和队长，领导当地的游击斗争。

在湘南起义部队进军井冈山后，4月上旬，敌人又重新占据了耒阳城，开始大肆搜捕共产党员和革命群众，并四处张贴布告，悬赏捉拿陈芬、毛泽建等“共匪要犯”。

面对日益严峻的斗争形势和艰苦环境，毛泽建为显示坚定的革命信念，就又给自己取了一个新名字“毛日曦”，寓意革命如旭日东升。

此时，耒阳城里的反动势力十分嚣张，尤其是县“挨户团”团总杨云西，更是一个心狠手辣的家伙，带领团丁到处杀人放火，许多革命同志和无辜群众都惨死在他的手里。陈芬、毛泽建决心除掉杨云西，为死去的同志和百姓报仇雪恨，狠狠地杀一杀敌人的反革命气焰。

但杨云西这个杀人不眨眼的刽子手又狡猾得很，平日里总是带着几个荷枪实弹的团丁在身边充当保镖，很少单独外出活动，这无疑给陈芬、毛泽建他们的行动计划带来很大的难度。夫妇二人并没有因此而退缩，经过一段时间的暗中侦察，基本掌握了杨云西的活动范围和行动规律。在反复研究后，陈芬、毛泽建决定寻机除掉杨云西。

机会很快就送上门来了。陈芬探听到杨云西几天后要同一位外地来的富商谈笔重要的生意，于是计上心来。他与毛泽建商议，准备假冒这名富商的名义邀请杨云西，到船上边喝酒赏景边商谈生意，趁其不备动手，用短刀解决杨云西的狗命。

计划制订好了，可由谁来实施呢？毛泽建提出也要参加这次暗杀行动，可此时她已有数月身孕，挺着个大肚子行动不便。陈芬坚决不同意，要自己亲自动手。

在接到富商的邀请后，杨云西不知是计，欣然答应。他考虑到这笔生意很重要，又不想让其他人知道，最后决定只身赴约。不过，老谋深算的杨云西还是暗中留了一手，赴约前将一支子弹上膛的手枪藏在腰间。

河岸边，一个“伙计”模样的年轻人正在焦急地等候着。这名“伙计”便是由游击队员假扮的。当看到杨云西大摇大摆地走过来时，“伙计”一溜小跑迎上前去，满脸堆笑地说：“是杨团总吧？我家老板已恭候您多时了，请随我上船吧。”

说完，“伙计”在前面引路，带着杨云西登上了一只小船。二人一前一后走进船舱，只见里面站着一位衣着讲究、英气勃发的年轻人。此人正是陈芬。

还没容杨云西与陈芬寒暄几句，小船便立即撑离岸边，向河心飞速驶去。狡猾的杨云西突然感觉到情形不对，急忙伸手去掏腰间的手枪。

说时迟，那时快，陪杨云西上船的“伙计”猛地一个箭步扑了上来，死死地抱住了他的双臂。

杨云西拼命反抗企图挣脱，但已无济于事。这时，陈芬从怀里掏出一把明亮亮的匕首，用力朝杨云西的胸膛刺去，并低声喝骂道：“姓杨的，这就是你的下场！”

随着一声惨叫，杨云西瘫倒在血泊中，一命呜呼，见了阎王。

杨云西被共产党人秘密除掉的消息很快就传遍了整个耒阳城。在革命处于低潮的形势下，这一行动沉重地打击了敌人的反动气焰，极大地鼓舞了革命群众的斗志。

不久，毛泽建又率领游击队摧毁了敌人的多个反动据点，处决了国民党湖南省议员、大土豪赵水生和劣绅李善，配合工农革命军击溃团防局和“挨户团”等反动武装，掩护部分工农革命军家属和农民自卫军转移。这些行动都有力地配合了井冈山革命根据地的斗争。

两度被捕

1928 年春，耒阳城依旧是春光明媚、百花争艳，但革命形势却愈发严峻起来。此时，毛泽建已经怀孕8个多月，即将分娩。为安全起见，毛泽建和陈芬不得不分头行动，各自率领一支游击队在耒阳城外的乡村坚持斗争。

5月初的一天，毛泽建率游击队在耒阳县夏塘铺一带活动时，恰好陈芬和他的姐姐陈淑元也带领游击队来到这里。夫妻二人意外重逢，好不欢喜。然而，巨大的危机正向他们悄然袭来。

5日一大早，游击队突然遭到当地反动武装夏塘铺“挨户团”的重兵包围。面对敌众我寡的不利形势，陈芬、毛泽建指挥游击队员们分路突围。在激烈的战斗中，夫妻两人相继在棉花塘和敖山被捕，双双落入敌人的魔爪中。

敌人先是把陈芬押到芭蕉敖山“挨户团”分部，企图用严刑逼供。但陈芬威武不屈，怒斥敌人的反动罪行，严守党的秘密。敌人审讯了数个小时，仍是一无所获，原本想将陈芬押往耒阳县城继续审讯，后恐途中生变，加之见无法从陈芬口中得到他们想要的东西，遂决定将其立即处死。

次日凌晨，陈芬被敌人五花大绑押到敖山贯

武桥上杀害。灭绝人性的敌人把陈芬的头颅砍了下来，装在一只木笼子里挂在耒阳城门口，悬首示众三日。

毛泽建和陈淑元被关押在夏塘铺团防局的临时牢房中。凶残的敌人不顾毛泽建即将生产，仍对她进行了严刑拷打，逼问中共地下党组织和游击队的情报。毛泽建怒目而视，坚贞不屈。团防局头目谭福棠每天都要到毛泽建面前，做一个杀人的手势，恶狠狠地威胁说："毛达湘，女共产党员，杀！"

面对敌人嚣张的反动气焰，毛泽建毫无惧色，心里惦念着游击队和革命同志的安危。当陈芬惨遭敌人杀害、头颅被悬挂在耒阳城头上示众的消息传来，毛泽建立即晕了过去。醒来后，她倚靠在陈淑元的身上，心情沉重地说："菊兄为革命牺牲了……他连自己的孩子也没有看见！"

井冈山革命根据地的党组织得知这一消息后，随即派出一支游击队于 5 月 26 日夜突袭夏塘铺团防局，成功地救出了毛泽建和陈淑元等人。但在撤退时，由于敌众我寡，毛泽建身负重伤又即将生产，行动十分困难。为了不拖累部队，她果断地劝说战友们快走，自己和陈淑元躲藏在夏塘铺一位孤老婆婆家里，总算是逃过了一劫。

又过了数日，陈芬、毛泽建的儿子呱呱降生了。毛泽建为这个刚出生就已失去父亲的苦命孩子取名“艰生”，希望他长大以后不要忘记自己出生时的艰难岁月。然而十分不幸的是，没过多久，在“挨户团”二次搜山时，艰生的啼哭声暴露了目标，敌人闻声包围上来，毛泽建、陈淑元再度落入虎口。

由于陈淑元就是耒阳当地人，加之身份并未暴露，很快被保释出狱，并带走了刚刚满月的艰生。

狱中斗争

在第二次抓捕到毛泽建后，敌人喜出望外。为防再生意外，敌人以她“系毛泽东堂妹，马日事变前后，均负该党重要职责”，把毛泽建从耒阳押解到衡阳城里严加看管，并进行威逼利诱，妄图从她身上获取党的重要机密。

敌人先是盛餐款待，企图诱使毛泽建背叛共产党，交代游击队和地下党组织的秘密，遭到毛泽建的厉声痛斥。敌人恼羞成怒，将毛泽建拖进了刑讯室里。对眼前这个长得文文静静、学生似的柔弱女子，敌人满以为只要把刑具往她面前一放，她自然就会乖乖地招供了。哪知毛泽建坚贞不屈，毫不动摇。

当敌人审问她的名字时，毛泽建昂首回答："我叫共产党！"

当敌人逼她说出党的机密时，毛泽建横眉冷对："要口供，没有；要命，有一条。不知道就是不知道，无用多言！"

当敌人恶狠狠地威胁道："毛达湘，共党女婆子，杀！"

毛泽建斩钉截铁地回答："要杀就杀，耍什么臭威风！共产党是斩不尽、杀不绝的！"

在狱中，毛泽建被敌人折磨得遍体鳞伤，但她仍强忍着伤痛，乐观向上，坚持斗争，教难友们识字、绣花，宣传革命道理，表现出一名共产党员高度的革命乐观主义精神。

1928年7月，国民党反动派以毛泽建在衡山从事过共产党的工作为由，又将她由衡阳押解至衡山，关押在县女子监狱里继续审讯。

新到任的衡山县县长蔡庆煊为了向“主子”献功，大施淫威，亲自提审毛泽建。

审讯室里，蔡庆煊趾高气扬地走到毛泽建面前，装模作样地明知故问：“你叫什么名字？”

毛泽建昂然挺立地回答：“我叫共产党！”

蔡庆煊一听，觉得“来者不善”，便改换调门，大声吼道：“你也是个读书人，为什么要造反，带领一帮穷鬼杀人放火？你杀了多少人？烧了多少房子？”

毛泽建把头一扬，怒目而视，回敬道：“真正杀人放火的是国民党右派和你们这伙土豪劣绅、贪官污吏！你们欺压人民，欠下了数不清的血债，我们造反是你们逼出来的。你们逼迫越凶，我们就闹得越厉害。”

蔡庆煊闻听此言，暴跳如雷，歇斯底里地狂

叫："哼！姓毛的，今日落在我的手里，摆在你面前的只有两条路：一条是供出共产党的地下组织，登报自首；另一条就是黄泉路。"

"你打错算盘了，站在你面前的是毛泽东的妹妹、陈芬的妻子，要杀要砍随你便，何必啰嗦！"

蔡庆煊干笑了几声，摇头晃脑地说："我就不相信难道你们共产党人不怕死？"

毛泽建放声大笑道："人穷志不短，虎死不倒威。革命者不怕死，怕死不当共产党。就是碎尸万段，我也不会低头！"

凶残的敌人动用了种种酷刑，皮鞭抽，烙铁烫，灌辣椒水，倒压杠子，把竹签刺进她的手指，甚至惨无人道地用铁丝穿过她的乳房。毛泽建被折磨得死去活来，始终紧咬牙关，一声不吭。

敌人做梦也没有想到，眼前这个貌似柔弱的女共产党员，竟有着钢铁般的意志。他们用尽了各种酷刑，把毛泽建折磨得遍体鳞伤，逼她说出共产党的秘密，但得到的口供还是只有 3 个字："不知道！"

一计不成，敌人又生二计。见用酷刑无法让

毛泽建屈服，狡猾的敌人又改变了策略，派叛徒彭瓒前去劝降，虚情假意地大讲什么“共产主义太渺茫”“识时务者为俊杰”，等等，劝说毛泽建投降。

面对可耻的叛徒，毛泽建怒火中烧，一顿臭骂：“怕死不革命，革命不变节！要我投降，除非日从西山出，湘江水倒流。你这个遗臭万年的狗东西，赶快给我滚出去！”彭瓒被骂得面红耳赤、哑口无言，只好狼狈而逃。

就这样，敌人软硬兼施，使出了浑身的解数进行威逼利诱，但最终都是徒劳的。

当陈淑元得知毛泽建被关押在衡山监狱的消息后，就赶来探视。这时，毛泽建已经被敌人折磨得奄奄一息，但她还有最后的一个愿望，就是想要在死前再亲眼看看自己的儿子艰生。

事实上，这个苦命的孩子随陈淑元在耒阳获释后，因为没有奶水吃很快就夭折了。陈淑元不忍心将这一残酷的现实告诉毛泽建，于是就回到家乡借了一个年纪相仿的孩子冒充艰生，抱来给毛泽建看。

见到孩子后，毛泽建抱在怀里亲了又亲，不

舍得放手。站在一旁的陈淑元见此情景，只有默默地流泪，更加不忍心把真相告诉她。

毛泽建在敌人的监狱里经受住了种种酷刑，写下了“誓死为党”“毛泽东是大有希望的，革命一定会胜利”等数条血书，以表达自己对党的赤胆忠诚、对革命必胜的坚定信心，以及对三哥毛泽东的无限思念，同时也彰显了一名优秀共产党员的高贵品格。

英勇就义

1929 年 8 月的一个仲夏之夜，星疏月朗，万籁俱寂。

此时，毛泽建在敌人的大牢里已经被关押了一年多，早就被折磨得遍体鳞伤。尽管敌人绞尽脑汁，用尽手段，但始终一无所获。毛泽建预感到恼羞成怒的敌人可能会对自己下毒手了，便拿起纸笔，开始写遗书。

我将毙命，不足为奇。在达湘个人方面是很痛快的了。人世间的苦情已受尽，不堪再增加。现各处均在反共，这就是我们早就料到了的。革命轻易的成功，千万不要作这种奢望。但是，人民总归要做主人，共产主义事业终究要胜利。只要革命成功了，就是万死也无恨。到那时，我们还会在九泉下开欢庆会的。

毛泽建写完后细心折好，交给同牢的一个婆婆手里，叮嘱她要设法送给陈淑元。

果然不出所料，黔驴技穷的敌人见始终无法从毛泽建口中得到他们需要的半点东西，便气急败坏地将毛泽建的有期徒刑改判为死刑，立即执行。

1929年8月20日，衡山县城黑云密布，狂风大作。

在通往县城南门外马庙坪的路上，几十名国民党军士兵荷枪实弹，凶神恶煞般押解着衣衫褴褛、遍体鳞伤的毛泽建。只见她目光坚毅，戴着手拷，拖着沉重的脚镣，缓慢而坚定地走向刑场。

行刑时间到了。先是一个军警端上来一碗水

酒和两个包子，递给了毛泽建。

“毛达湘，你还有什么话说吗？”蔡庆煊仍死不甘心地问道。

此刻，毛泽建根本不想理睬这条癞皮狗。但陡然间，她计上心来，于是从那名军警手里接过水酒和包子，用平静的口气答了一声：“有。”

“那好，快说，快说。”蔡庆煊以为她“死到临头会有醒悟”，高兴地走到毛泽建身边，迫不及待地催促着。

“别着急，我会全部倾吐给你！”毛泽建边说边将包子泡在水酒碗里，然后猛地朝蔡庆煊的脸上泼去。

蔡庆煊被弄得满脸水酒糨糊，气得浑身打颤，额上的青筋像泥鳅似的一根根暴起，用一只发抖的手指着毛泽建大声吼道：“跪，跪下！”

毛泽建见状哈哈大笑，使出浑身的力气高呼：“杀吧！我要站着死！乡亲们，杀了一个毛达湘，会有千千万万个毛达湘站出来。打倒国民党反动派！中国共产党万岁！”

慷慨激昂的口号声，划破了昏暗的天空，回

响在巍巍的巾紫峰麓，激荡着奔腾咆哮的湘江……

敌人一个个都惊呆了。随着一声枪响，罪恶的子弹穿透了毛泽建年轻的胸膛。

南岳敛容，湘水含悲。毛泽东的好妹妹、中国共产党的优秀党员、我国最早的女游击队长毛泽建倒在了血泊中，壮烈牺牲。

“秋菊能傲霜，风霜重重恶，本性能耐寒，风霜其奈何？”在急风暴雨般的革命年代，毛泽建勇立潮头，在三哥毛泽东的影响和引领下，打破封建礼教枷锁，毅然投身共产主义事业并为之奋斗终身。毛泽建牺牲时年仅 24 岁，成为第一位为中国革命献身的毛家人。

毛泽建被杀害后，敌人严令三日内不准收尸。城南码头工人李师傅目睹了毛泽建被杀现场，回家后彻夜难眠：毛泽建是个好妹子，从外地来到衡山闹革命，她为老百姓而死，现又举目无亲，我能为她做点什么呢？想到这里，他连忙叫醒老伴，又叫上了住在附近的 3 位码头工人，用自己准备打衣柜的木板做了一副简单的棺材，当晚就把毛泽建烈士的遗体从马王庙偷运回来，收敛安葬在县郊城南西溪桥头草丛中。

第二天，当国民党反动派发觉毛泽建尸体“不翼而飞”后，派人四处追查，但一无所获，只得不了了之。

1930 年 2 月，毛泽建牺牲半年后，她的战友屈淼澄找到了码头工人李师傅，一同来到毛泽建烈士墓前挥泪拜祭，并代表中共地下党组织感谢李师傅的义举。为防洪水侵袭，地下党组织随后又订做了一口木质棺材，由屈淼澄带上连夜赶往衡阳庙溪，组织了 8 名码头工会会员深夜来到衡山县郊西溪桥头，将毛泽建烈士的遗体重新收殓，秘密迁葬于巾紫峰山麓，在湘江河畔的公路上方一凹地里掩埋，并刻了一块写有“民国十八年刊　毛达湘女士墓　原籍湘潭人氏”字样的青石碑。为了不被敌人发现，他们将石碑字朝下埋盖在棺木的上方，并在土堆上面种下了几株映山红，以便日后前来寻找。

在得知毛泽建英勇就义的消息后，毛泽东曾十分痛惜地说：“菊妹子的牺牲很可惜，她是个好同志。”

05 尾声

唐代大诗人杜甫的《朱凤行》一诗有云：“君不见潇湘之山衡山高，山巅朱凤声嗷嗷。”

就在千古流淌的湘江之畔、湖南省衡山县城南郊巾紫峰麓，安葬着一位被当地人称为“衡山朱凤”的巾帼英雄。她就是毛泽东主席的堂妹——毛泽建烈士。

1949 年 10 月 1 日，毛泽东站在北京天安门城楼上，向全世界庄严宣告中华人民共和国成立了。中国人民在中国共产党的领导下夺取了新民主主义革命的伟大胜利，推翻了压在人民头上的三座大山，建立了人民真正当家作主的新中国。杀害毛泽建的刽子手蔡庆煊、谭福棠等人很快就被当地人民政府逮捕并处决，得到了应有的下场。此时距毛泽建牺牲已过去了整整 20 年，烈士若英灵有知，当含笑九泉！

为了缅怀毛泽建烈士的光辉伟绩，1967 年 10 月，衡山县革命委员会专门下发文件，动员全县人民群众不惜一切代价，全力寻找毛泽建烈士的坟墓。时任县革委会副主任的黄国光、县人民检察院副检察长的陈秋生亲自带队，组建寻墓领导小组，同时抽调各机关单位精兵强将 50 余人，在衡山县巾紫峰下日夜搜寻。当地百姓也积极参加寻找烈士遗骸的行动之中。

由于毛泽建烈士牺牲已将近 40 年，时隔太久，一些知情人大都早已故去，而且当年是在深夜里秘密埋葬，这些无疑给寻找烈士坟墓带来了很大的难度。结果一晃 10 多天过去了，搜寻工作仍然毫无头绪。

就在大家一筹莫展的时候，寻墓领导小组得到了一个好消息：负责安葬毛泽建烈士的屈淼澄老人在新中国成立后曾函告衡山县人民政府，提供了毛泽建烈士墓的大概方位，并附有当时迁墓的相关回忆材料。

屈淼澄，1887 年生于湖南衡阳，1924 年加入中国共产党，1925 年任码头工人支部书记、衡阳工人纠察队队长、衡阳总工会组织部长等职。大革命失败后，率部分工人参加南昌起义。起义失败后回到家乡，参与组织衡北游击队，与毛泽建共同战斗。1928 年年初参加湘南起义，任工农革命军第 7 师师长。后转战湘南各地，坚持艰苦卓绝的游击战争。1938 年 9 月奉命赴延安休养，直至全国解放。新中国成立后，历任中南军政委员会顾问、湖南省人民政府参事室参事。

为搜寻毛泽建烈士的坟墓，当时已年过六旬的屈淼澄不顾年老体衰，曾两次亲临衡山查找。然而经过二三十年的风雨侵蚀，当地的地形地貌早已发生了很大变化，可以说是面目全非，两次寻墓都没有找到。1961 年，屈淼澄带着无限的遗憾在衡阳病逝。

经查阅屈淼澄老人的信函及相关回忆材料，寻墓领导小组最终确定了毛泽建烈士墓的大致方位，随即展开深入细致的搜寻工作。

功夫不负有心人。1967 年 12 月 13 日中午，寻墓小组在公路上方有棵大树的凹地休息。一名队员无意间用自己的弯刀往草地上扎，发觉声音有所不同，似是在石板上扎出的空响声。于是，他就用锄头继续往下挖，很快泥土里露出一块青石碑，下面还有一个空洞。

大家都围拢了上来，合力翻开石碑，仔细察看，发现沾满泥土的石碑上面隐约刻有一个“毛”字。有人马上打来清水，仔细冲洗石板，渐渐显露出“民国十八年刊　毛达湘女士墓　原籍湘潭人氏”的字样。

在场的所有人都兴奋不已，高声呼喊：“毛泽建烈士找到了！”

1968 年 11 月，衡山县革委会向衡阳地区革委会呈报《关于维修和兴建毛泽建烈士墓的请示》。12 月 1 日，衡阳地区革委会明确批复：“同意兴建毛泽建烈士墓，力争明年 10 月完工，经费由县自筹。”

于是，衡山县革委会组建专门班子进行选址、测地、进料、施工。很快，毛泽建烈士墓就在巾紫峰下、湘江河畔的山凹地破土动工了。县革委会还为此专门举行了隆重的兴建毛泽建烈士墓奠基大会。

1969 年 8 月 20 日，在毛泽建英勇就义 40 周年纪念日，毛泽建烈士墓正式落成。墓地依山傍水，庄严肃穆，宏伟壮观，总占地面积 2295 平方米，其建筑用工全部是衡山县干部群众的自发劳动。

1976 年 8 月初，中共湖南省委办公厅以湘办函（1976）第 4 号复函中共衡山县委，同意“将毛泽建烈士原墓拍照留下资料后，迁至新建纪念墓”。8 月 16 日，中共衡山县委组织湖南省有关专家对毛泽建烈士遗骨进行发掘和科学技术鉴定。

9 月 1 日，衡山县委在毛泽建烈士新墓地举行烈士遗骨迁葬仪式，将烈士遗骨安放于长 2 米、宽 0.9 米的汉白玉石棺中，两旁配有青松翠柏。同时隆重举行万人大会，进行祭奠，深切表达了衡山人民对毛泽建烈士的崇敬之情。毛泽建的胞弟毛泽连、侄女毛小青也从韶山赶来参加了烈士遗骨迁葬仪式和祭奠活动。

扩建的毛泽建烈士陵园全部由花岗岩石和汉白玉构成。陵园大门两边镌刻着一副对联，是毛泽东主席的一句诗:“为有牺牲多壮志，敢教日月换新天。”对联两边各为一副毛泽东语录，一边写着“为国牺牲，永垂不朽”；一边写着“为人民而死，虽死犹生”。

进入陵园大门是过道，包括石阶梯和水泥大道，路两旁各是一排笔直的女贞树。树两侧是青松翠柏、红橘果林、鲜花绿草组成的一片园林。过道尽头是一高台，正面墙上写有“重于泰山”4 个庄重的大字。高台两侧是 10 余级石阶梯，登上石阶梯，便是可容纳数百人的墓坪，专供人们集会祭奠。墓坪两侧各竖花岗岩石嵌汉白玉语录牌一座。墓坪中间靠后区域则是毛泽建烈士纪念塔，为陵园的主体建筑。塔基两侧刻有“1905”“1929”字样，代表毛泽建烈士生卒时间，塔正面镌刻着“毛泽建烈士永垂不朽”9 个苍劲有力的大字，字的上面镶嵌着毛泽建烈士遗照。塔顶上是一束鲜红的火炬，火炬两旁分别是“2”和“4”两个大字，合起来是“24”，表明毛泽建牺牲时年仅 24 岁。塔的后面竖着“人民英雄永垂不朽”8 个钢架大字，再后面就是一座墓穴，安葬着毛泽建烈士的遗骸。

2005 年，在毛泽建烈士诞辰 100 周年之际，中共衡山县委、县人民政府对毛泽建烈士墓进行全面修葺，新增了纪念广场、纪念绿化园、烈士生平简介碑、停车坪、沿江绿化风光带等设施，墓地面积也由原来的 2295 平方米扩大到 13980 平方米。还在县城康王庙毛泽东考察衡山农民运动纪念馆，新辟了一个“毛泽建烈士事迹陈列室”。这样，毛泽建烈士纪念墓各项纪念设施更加完善。

2016 年，毛泽建公园正式竣工。该公园规划总用地面积 210 亩，解决了纪念馆的场地问题，毛泽建烈士生平事迹展也有了布展之地。公园紧邻毛泽建烈士陵园，周围苍松翠柏葱郁，鲜花芬芳，庄严肃穆。

在筹备毛泽建纪念馆的过程中，布展人员颇费一番周折地找到了毛泽建亲笔书信的复印件。

据参与毛泽建纪念馆筹建的衡山县农民运动纪念馆馆长刘辉煌介绍：毛泽建的丈夫陈芬有个姐姐叫陈淑元，当年与毛泽建一起被捕。但由于陈淑元是耒阳本地口音，敌人未了解详细身份便将她释放。毛泽建曾在狱中写了几封书信交给陈淑元。新中国成立后，陈淑元的女儿陈国生曾经带着毛泽建的亲笔信到北京，见过毛泽东主席。因此，毛泽东也看到了毛泽建的亲笔书信。

为了寻找毛泽建烈士的遗物，刘辉煌搜集了很多书籍资料，从中苦苦寻找线索。一天，他偶然翻看一本由中共衡阳市委党史办编辑出版的《阳光雨露》。该书介绍了一些曾见到过毛泽东的英雄、模范等人物事迹，从中了解到陈国生存有毛泽建的亲笔书信。

经过多方打听，刘辉煌得知陈国生已经退休，家住在长沙。于是，他通过当地老干部局找到了陈国生。据陈国生回忆说：她曾先后３次上交过毛泽建的几封书信，其中一封书信是在北京交给毛泽东的，在耒阳和长沙分别交过一次，自己手边已经没有原件了。

更为遗憾的是，陈国生不久即因病去世。刘辉煌便又通过长沙有关部门找到陈国生之子，在征得其同意后，终于将陈国生留下的毛泽建亲笔书信的复印件带回了毛泽建纪念馆，成为一件珍贵的展品。

共和国没有忘记毛泽建，人民没有忘记毛泽建。2017 年 6 月 29 日，毛泽建烈士纪念馆正式开馆，对社会公众开放。

后　记

在中国人民的伟大领袖毛泽东的家乡——湖南省湘潭市韶山冲，广为流传着一首诗：

童年苦难留创伤，
心系黎民驰沙场。
勇敢机智斗土豪，
巧布疑兵歼恶狼。
出生入死闯险关，
革命火种撒南湘。
夫妻碧血染云霞，
一代女杰留芬芳。

诗里所歌颂的正是毛泽东的堂妹、我国最早的女游击队长、优秀共产党员毛泽建。

1929年8月20日，在湖南省衡山县城南门外马庙坪刑场上，一声枪响后，毛泽建倒在了血泊中，生命永远定格在24岁的青春年华，成为第一个为中国革命献身的毛家人。

毛泽建的一生虽然短暂，但她美丽的名字如傲霜的秋菊，永远铭刻在了人们的心中；她英雄的形象又似灿烂的朝霞，普照着巍巍衡岳：

她如一团烈火，似一把宝剑，心系黎民苍生，将个人信仰与国家命运相结合；为了革命，她跟随毛泽东上下求索，探寻真理，发奋学习，积极宣传反帝反封建思想；她是校园女先锋、农民运动好能手，积极进行革命实践，组织学生、工人举行游行示威和罢课，与反动派进行坚决的斗争；她有胆有识，有勇有谋，发动工农群众，组建革命武装，举枪展旗，开展游击战争，点燃了湘南革命的熊熊烈火，成为远近闻名、令敌胆寒的女游击队长；在大革命处于低潮，全国被白色恐怖笼罩之时，她和爱人陈芬一起，勇敢、机智、坚决地与敌人进行了顽强的斗争；当不幸被捕，身陷敌穴时，面对敌人的严刑拷打和威逼利诱，她始终坚贞不屈、大义凛然、横眉冷对，“终义践仁成”，为党的事业、为革命的胜利和人民的解放献出了年轻的生命。她的故事，既动人又壮烈，似一首首长诗，说不尽，道不完……

雪红因染先烈血，青山原埋忠魂骨。如今，神州大地早已发生了翻天覆地的变化，毛泽建烈士长眠在衡山县巾紫峰下、湘江河畔的烈士陵园里，永远激励着后人。

原始档案和权威史料的缺乏是本书撰写的最大难点。由于毛泽建烈士牺牲时非常年轻，从事革命工作尚不满十年，而且当时正处于新民主主义革命初期，我党还很弱小，刚刚开始领导发动武装斗争，开展土地革命，许多事件都没有留下档案资料。截至目前，国内还没有出版过一部毛泽建的传记和相关研究专著，有关她的生平事迹和革命活动记述，大多散见于烈士曾经生活、学习、战斗过的地方史志资料和民间故事，但其中许多内容又不同程度地存在着史实错误等问题。因当年的历史见证人都早已故去，许多历史问题无从考证。

为了更加全面、客观、真实地反映毛泽建烈士短暂而又光辉的一生，作者采取实地调研和文献分析的研究方法，先后赴湖南长沙、韶山、衡阳、衡山等地走访调研，与当地的党史、地方志研究工作者座谈或电话交流，搜集了部分资料和研究成果；同时查阅了相关历史文献、传记、回忆和纪念文章等，并就有关史实问题分别向国家退役军人事务部褒扬纪念司、湖南省地方志编委会、湖南省军区政治工作局、中共衡阳市委党史办、毛泽建烈士纪念馆等单位的专家学者进行咨询，得到了上述单位和史艺处长、欧阳毅干事等同志的大力支持与帮助。

在编写过程中，得到军事科学院军队政治工作研究院领导和机关的大力支持，赵一平、康月田、张明金、李平、李博、陈政举等多位专家学者进行了审读，提出了宝贵的意见。

主要参考书目有：《衡山县军事志》（湖南省衡山县军事志编纂委员会编）、《耒阳市军事志》（耒阳市军事志编纂委员会编）、《韶山市军事志（1840—2005）》（中国人民解放军湖南省韶山市人民武装部编）、《三湘英烈传》（湖南省革命烈士传编纂委员会编／湖南人民出版社）、《湖南妇女英烈志》（湖南省妇女联合会编/湖南人民出版社）、《毛泽东传》（中共中央文献研究室编/中央文献出版社）、《毛泽东年谱》（中共中央文献研究室编/中央文献出版社）、《满门英烈》（何鹄志、刘仁荣著/海南出版社）、《毛泽东一家人》（赵志超著/中央文献出版社）、《毛泽东一家》（王得山著/中共中央党校出版社）等史志著作。

在此，谨向关心和帮助本书编写工作的各位领导、专家学者，以及上述书目作者、编辑致以最诚挚的谢意！由于作者水平及查阅资料等因素所限，书中难免有不当之处，恳请读者批评指正。

图书在版编目（CIP）数据

毛泽建 / 军事科学院解放军党史军史研究中心编
. -- 北京：学习出版社，2022.11
（中华先烈人物故事汇）
ISBN 978-7-5147-1190-5

Ⅰ.①毛… Ⅱ.①军… Ⅲ.①毛泽建（1905-1929）—传记 Ⅳ.①K825.2

中国版本图书馆CIP数据核字（2022）第210257号

毛泽建
MAO ZEJIAN
军事科学院解放军党史军史研究中心

责任编辑：李　琳　　封面绘画：刘书移
技术编辑：贾　茹　　内文插图：韩新维
美术编辑：杨　洪

出版发行：学习出版社
北京市东城区崇外大街11号新成文化大厦B座11层（100062）
010-66063020　010-66061634　010-66061646
网　　址：http://www.xuexiph.cn
经　　销：新华书店
印　　刷：北京市密东印刷有限公司

开　　本：787毫米×1092毫米　1/32
印　　张：5
字　　数：70千字
版次印次：2022年11月第1版　2022年11月第1次印刷

书　　号：ISBN 978-7-5147-1190-5
定　　价：20.00元